Bibliografische Information Der Deutschen Bibliothek

Die Deutsche Bibliothek verzeichnet diese Publikation
in der Deutschen Nationalbibliografie.

Detaillierte Bibliografische Daten sind im Internet über http:// dnb.ddb.de abrufbar
ISBN 3-930 953-07-2

ABENTEUER LEBEN

Autoren: Ralf Nemeczek und Isabella Sonntag
Herausgeber: WU WEI Verlag
Art Direction: Sabine Gistl
Fotos: Sabine Gistl, Digital Vision, Brand X Pictures
Druck: Riess Druck und Verlags GmbH / Benediktbeuern

ISBN 3-930 953-07-2 · Printed in Germany 2002

ABENTEUER LEBEN

Nella nh csnA ett iB – «Leben ist»

Ralf Nemeczek & Isabella Sonntag
Design: Sabine Gistl

WuWei
VERLAG

GIBT DAS
LEBEN MIR
EINE ZITRONE,
MACHE ICH
MIR EINE
LIMONADE!

Dieses Buch schenke ich:

Kapitel, die ich inspirierend finde:

DER UMGANG MIT DIESEM BUCH

Wie wir dieses Buch benutzen.

Wenn wir uns in einer Situation befinden,
in der wir nicht alles «halb so wild» nehmen,
uns langweilen oder inspiriert sein möchten,
werfen wir einen Blick in das Inhaltsverzeichnis
und schlagen das Kapitel auf, das uns in
der jeweiligen Situation am meisten anspricht!

Viele unserer Kapitel haben wenig Worte und gleichzeitig
viel Gehalt zwischen den Zeilen – den Gehalt, den Sie sich selbst gönnen.

Deshalb unsere Bitte:
Nehmen Sie sich alle Zeit dieser Welt für ein einziges Kapitel.

INHALT

ENDE

IN EIN
DE
KÄMP
KONTRO
UM

GEFÄHRLICHE WELT
WIR LEBEN
R GEFÄHRLICHEN WELT,
HALB MÜSSEN WIR
EN, MANIPULIEREN,
LIEREN, DOMINIEREN,
ZU ÜBERLEBEN.
ODER?

Das ist gut Das ist schlecht Das ist falsch Das ist richtig

Die ist gut Die ist schlecht Die ist falsch Die ist richtig

Der ist gut Der ist schlecht Der ist falsch Der ist richtig

Die sind gut Die sind schlecht Die sind falsch Die sind rich

Das ist gut Das ist schlecht Das ist falsch Das ist richtig

Die ist gut Die ist schlecht Die ist falsch Die ist richtig

Der ist gut Der ist schlecht Der ist falsch Der ist richtig

Die sind gut Die sind schlecht Die sind falsch Die sind ric

Das ist gut Das ist schlecht Das ist falsch Das ist richtig

Die ist gut Die ist schlecht Die ist falsch Die ist richtig

Der ist gut Der ist schlecht Der ist falsch Der ist richtig

Die sind gut Die sind schlecht Die sind falsch Die sind ri

Werten statt erleben.

as ist in Ordnung Das ist nicht in Ordnung

ie ist in Ordnung Die ist nicht in Ordnung

er ist in Ordnung Der ist nicht in Ordnung

tig Die sind in Ordnung Die sind nicht in Ordnung

Das ist in Ordnung Das ist nicht in Ordnung

Die ist in Ordnung Die ist nicht in Ordnung

Der ist in Ordnung Der ist nicht in Ordnung

tig Die sind in Ordnung Die sind nicht in Ordnung

Das ist in Ordnung Das ist nicht in Ordnung

Die ist in Ordnung Die ist nicht in Ordnung

Der ist in Ordnung Der ist nicht in Ordnung

tig Die sind in Ordnung Die sind nicht in Ordnung

DARF UNSER LEBEN EINFACH SEIN, DARF UNSER LEBEN EINFACH SEIN OD

UM DAS GEFÜHL ZU HABEN, ETWAS GELEISTET ZU HABEN?

USSEN WIR UNS ABMÜHEN UND ANSTRENGEN,

LIEBT

TZT - UND NUR JETZT - IN
EINEM ANDEREN MOMENT
UND VOR ALLEM OHNE NACH
ZU DENKEN, KANN ICH DAS
TUN, WAS MIR AM HER

Wenn wir etwas über das Leben
werden wir vielleicht beschli
DIE Antwort gefunden haben.

Wow – das ist es: Talente leb
mich und mein Leben einfach n
meine Talente lebe! Oder ich
Talente leben muss, um mich ä

Wow – das ist es: Liebe ist
und mein Leben einfach nur s
spüre und fühle! Oder ich de
um mich ändern zu können.

Wow – das ist es: Hingabe is
und mein Leben einfach nur s
dem Leben hingeben kann! Ode
hingeben muss, um mich änder

Wir werden unsere Antworte
halten, bis sie uns enttäusc
erneut starten. Und während
statt!

rfahren oder lernen,
ßen, dass wir nun endlich
ielleicht denken wir:

n ist DIE Antwort! Ich muss
r solange ändern, bis ich
enke, dass ich meine
dern zu können.

DIE Antwort! Ich muss mich
ange ändern, bis ich Liebe
e, dass ich lieben muss,

DIE Antwort! Ich muss mich
lange ändern, bis ich mich
ich denke, dass ich mich
zu können.

solange für DIE Antwort
en! Dann kann unsere Suche
ieser Suche findet Leben

gell?

...einfach!

ZUFRIEDEN ZU SEIN HAT NUR MIT ZUFRIEDENSEIN ZU TUN!

Das, was wir Menschen Fehlschläge nennen,
ist oftmals das fruchtlose Ergebnis des Versuches,
das Leben oder andere Menschen zu manipulieren.
In jedem Falle sind es Interpretationen.

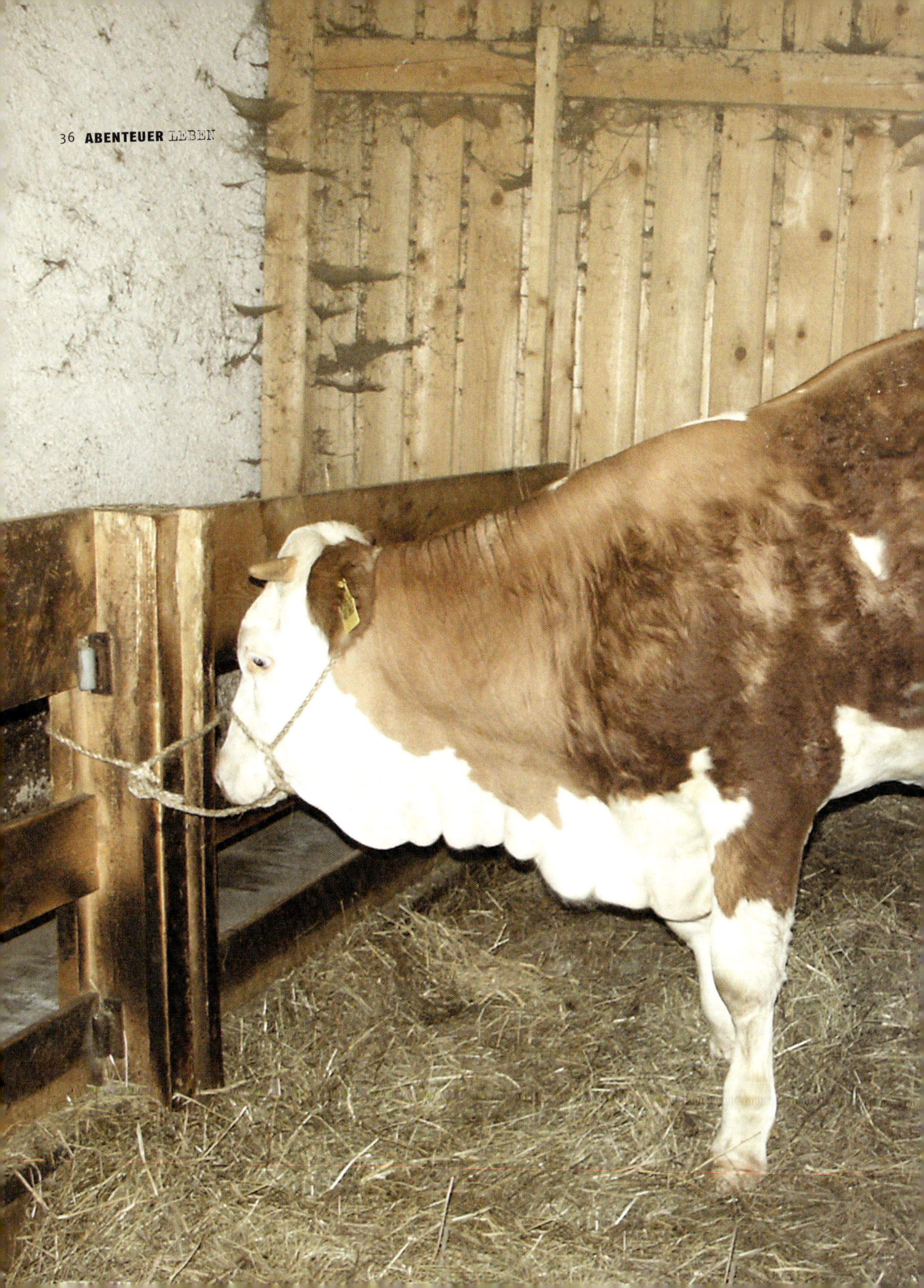

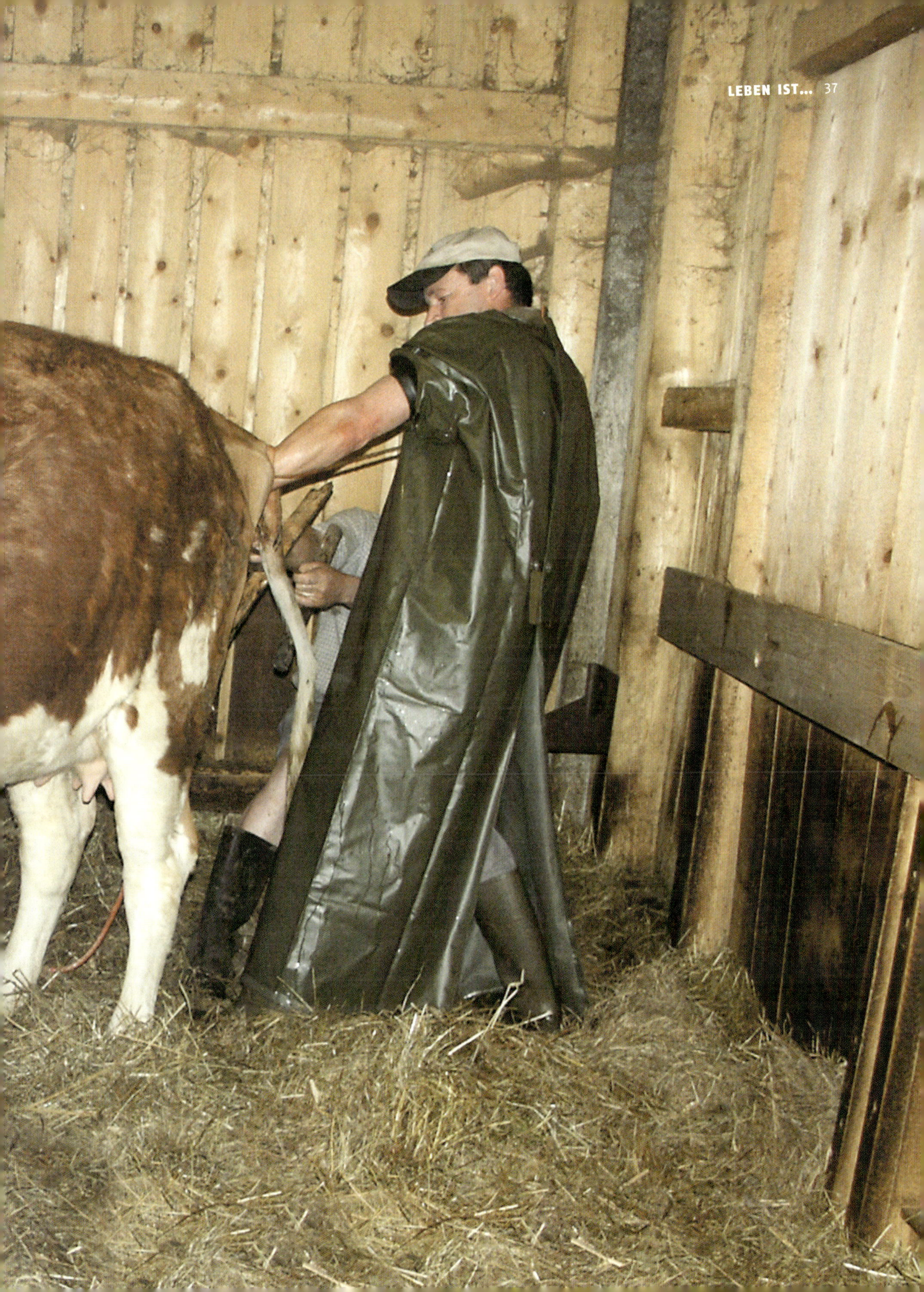

Was mache ich bloß mit meiner Zeit,
wenn ich mir keine Sorgen mehr
um Geld machen würde?

Was mache ich bloß mit meiner Zeit,
wenn ich mich nicht mehr um meine Krankheit
kümmern könnte?

Was mache ich bloß mit meiner Zeit, wenn...

Sorgen, Zweifel, Krankheiten, Süchte, ...
sind ein ganz wundervoller Ersatz für das,
was wir wirklich machen wollen:

anderen Menschen dienen

ZWEI VÖGEL SITZEN AUF EINER STANGE. DER EINE VOGEL SAGT »PIEP«

ARAUF SAGT DER ANDERE »DAS WOLLTE ICH AUCH GERADE SAGEN«

[redacted]

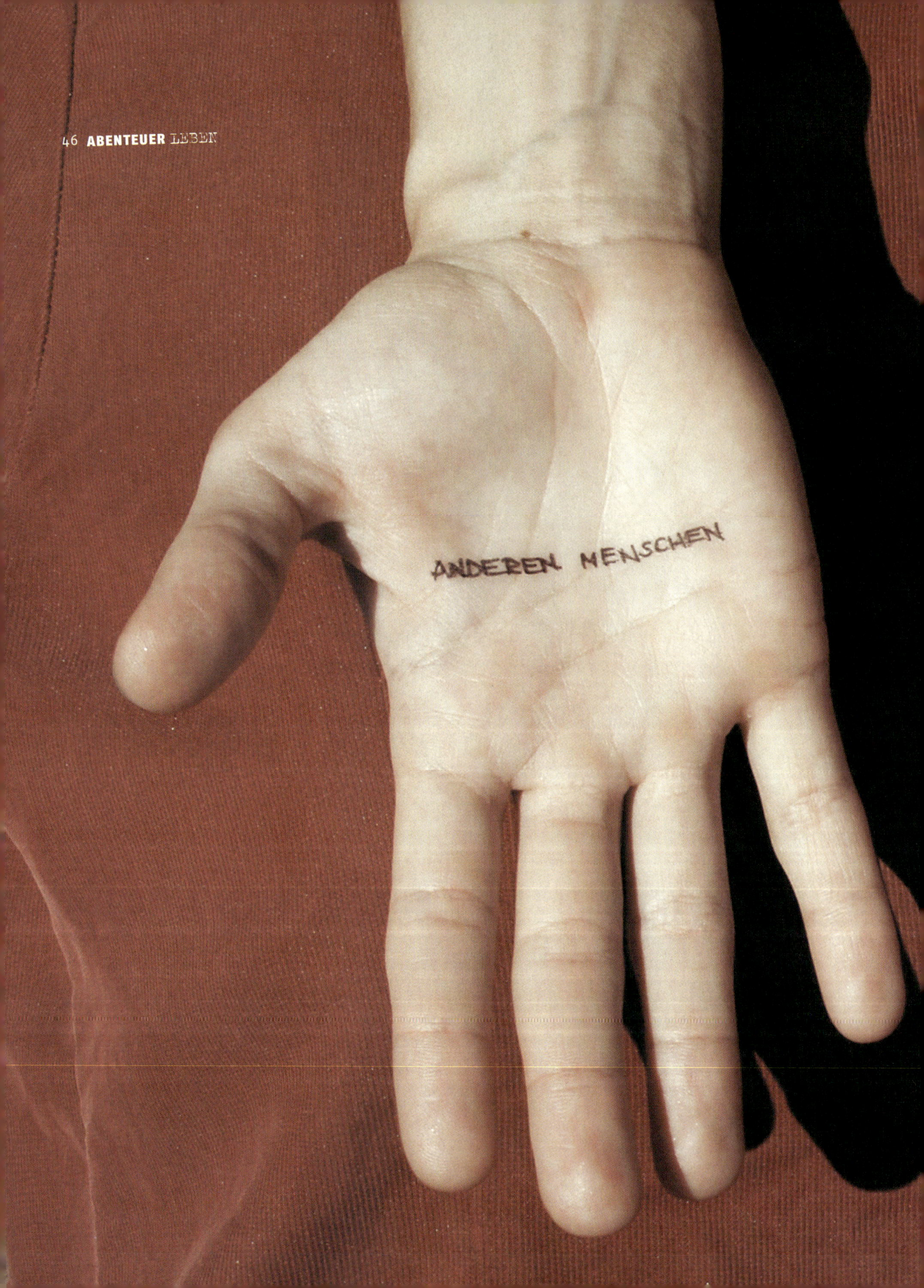
ANDEREN MENSCHEN

VON HERZEN DIENEN

4
Naraun
8
5
St. Hippolyt 759
nach Tisens

ANTWORT KOMMT

WENN WIR OHNE ANTWORTEN SEIN KÖNNEN, DANN WERDEN SICH DIE ANTWORTEN AUF UNSERE LEBENSFRAGEN GANZ VON SELBST ZEIGEN.

ES GIBT MENSCHEN, DIE WISSEN, WIE DAS LEBEN FUNKTIONIERT. DIESE

MENSCHEN KENNEN DIE REGELN.

1,21 €

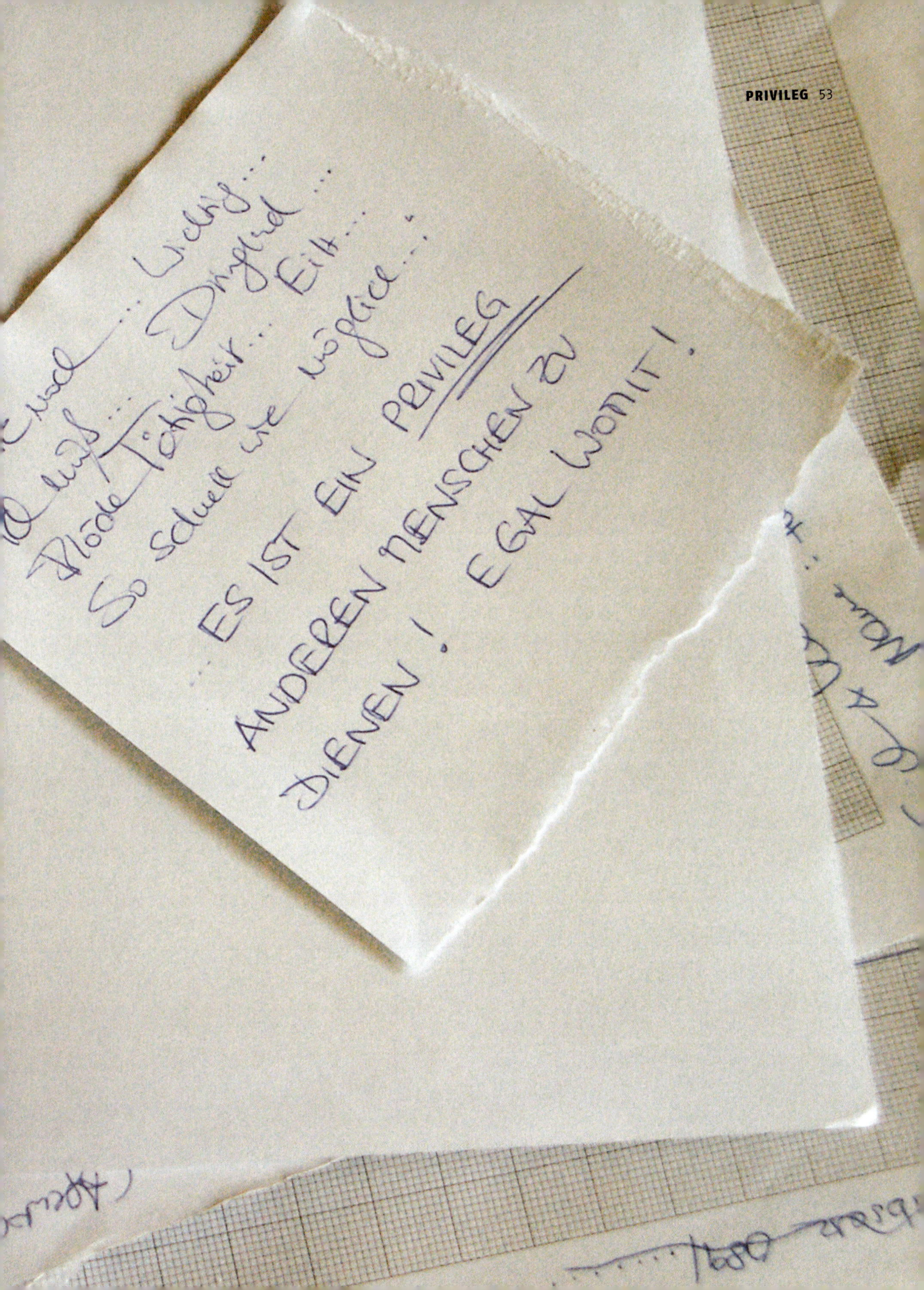
So schnell wie möglich ...
... ES IST EIN PRIVILEG
ANDEREN MENSCHEN ZU
DIENEN! EGAL WOMIT!

WIE SEHR ARBEITEN WIR UNSER LEBEN AB? EIN PUNKT NACH DEM ANDER

WIE SEHR SIND WIR GEFANGEN IN UNSEREN SELBST GESTECKTEN ZIELEN

, IMMER UND IMMER WIEDER UND IMMER HINTENDREIN?

Gud,
Schlächt,
Richtig
& Valsch

LEBE ICH MEIN LEBEN MIT DEM GEFÜHL, DASS ICH IMMER HINTERHER BIN
GEWÜNSCHTEN RUHE, DEM GEWÜNSCHTEM KÖRPER, DEM GEWÜNSCHTEN JOB

EM GEWÜNSCHTEN KONTOSTAND, DER GEWÜNSCHTEN WOHNUNG, DER
DEM GEWÜNSCHTEN PARTNER, DER AUFTRAGSERLEDIGUNG,
...WER HINTERHER IST, KANN NICHT SEIN!

IST DER EINZIGE MOTOR UNSERES LEBENS DER, DASS DAS, WAS IST UND

AS, WAS NICHT IST, PLÄTZE TAUSCHEN SOLLTE?

WIR DENKEN, DENKEN, DENKEN,
DENKEN, DENKEN, DEnKEN,
denken, denken, denken,
denken, denKEN, DENKEN,
DENKEN, DENKEN, DENKEN,
DENKEN, DEnken, denken,
denken, denkEN, DENKEN,
DENKEN, DENKEN, DENKEN,
DENKEN, DenkEN, DENKEN,
DENKEN, DEnken, denken,
denken, denken, deNKEN,
DENKEn, dENKEN, DENKEN,
DENKEN, DENKEN, DEnkeN,
DENKEN, DenkEN, DENKEN,
DENKEN, DENKEN, DENKEN,
denken, denken, denkEN,
DENKEN, ERDENKEN, DENKEN,
ZERDENKEN, DENKen, denkeN,
DenkEN, DENKEN,...

WIR DENKEN, DENKEN, DENKEN,
DENKEN, DENKEN, DEnKEN,
denken, denken, denken,
denken, denKEN, DENKEN,
DENKEN, DENKEN, DENKEN,
DENKEN, DEnken, denken,
denken, denkEN, DENKEN,
DENKEN, DENKEN, DENKEN,
DENKEN, DenkEN, DENKEN,
DENKEN, DEnken, denken,
denken, denken, deNKEN,
DENKEn, dENKEN, DENKEN,
DENKEN, DENKEN, DEnkeN,
DENKEN, DenkEN, DENKEN,
DENKEN, DENKEN, DENKEN,
denken, denken, denkEN,
DENKEN, ERDENKEN, DENKEN,
ZERDENKEN, DENKen, denkeN,
DenkEN, DENKEN,...

KANN ICH
DAMIT SEIN,
DASS
LEBEN
IST
?

KANN ICH DIE VOLLE VERANTWORTUNG FÜR ALLES, WAS IN MEINEM LEB

SCHIEHT, ÜBERNEHMEN, OBWOHL ICH WEISS, DASS ICH NICHTS

UNTER KONTROLLE HABE?

WEN
GEL
ERGE
SPIELE
WIR GE

ES NUR UM DAS
NEN GEHT, NUR UM DAS
NIS UND NICHT UM DAS
SELBST, DANN WERDEN
NNER IM VERLIEREN
UNSERES LEBENS.

HABE ICH MEINE EIGENE SCHÖNHEIT SO SEHR VERDECKT, DASS ICH GL

E, ETWAS AN MIR VERÄNDERN ZU MÜSSEN?

DAS VERLANGEN NACH SICHERHEIT

ERZEUGT FURCHT

DAS VERLANGEN NACH SICHERHEIT PRODUZIERT FURCHT

WENN ICH FÜR MEIN LEBEN,
MEINE WIRKLICHKEIT UND
MEINEN BALLAST VERANTWORTUNG
ÜBERNEHME, DANN ÜBERNEHME
ICH DAMIT AUCH GANZ AUTOMATISCH
DIE VERANTWORTUNG FÜR DIE WELT,
IN DER ICH LEBE!
WENN ALLE MENSCHEN NUR FÜR
IHR EIGENES LEBEN VERANTWORTUNG
ÜBERNEHMEN WÜRDEN, DANN WÜRDE
ES DIESES BUCH NICHT GEBEN.
ES WÄRE SINNLOS.

WENN WIR OPFER SIND, HABEN WIR KEINE WAHL.

WENN WIR VERANTWORTLICH SIND, HABEN WIR DIE FREIE WAHL.

NEUGIER

GEHEIMNISSE ZERSTÖREN DIE LEBENDIGKEIT

GEGEN ETWAS ZU SEIN, HINDERT MICH DARAN, DAS WACHSEN ZU LASS

WOFÜR ICH BIN.

Tarkista, onko virtaa; tarkista
sulakkeet.
Käännä lämpötilavalitsin
toiseen asentoon.
tai huoltopisteiden luettelosta. Kun soitat
huoltoon, muista ilmoittaa kylmälaitteen
laitenumero (E-nro) ja valmistusnumero
(FD-nro).
Löydät molemmat numerot
tyyppikilvestä.
umeroiden ilmoittaminen on tärkeää.
n säästyt turhilta huoltokäynneiltä,
aiheutuneet kulut joudut
maan itse.
8 018/019/094 (8101)
18

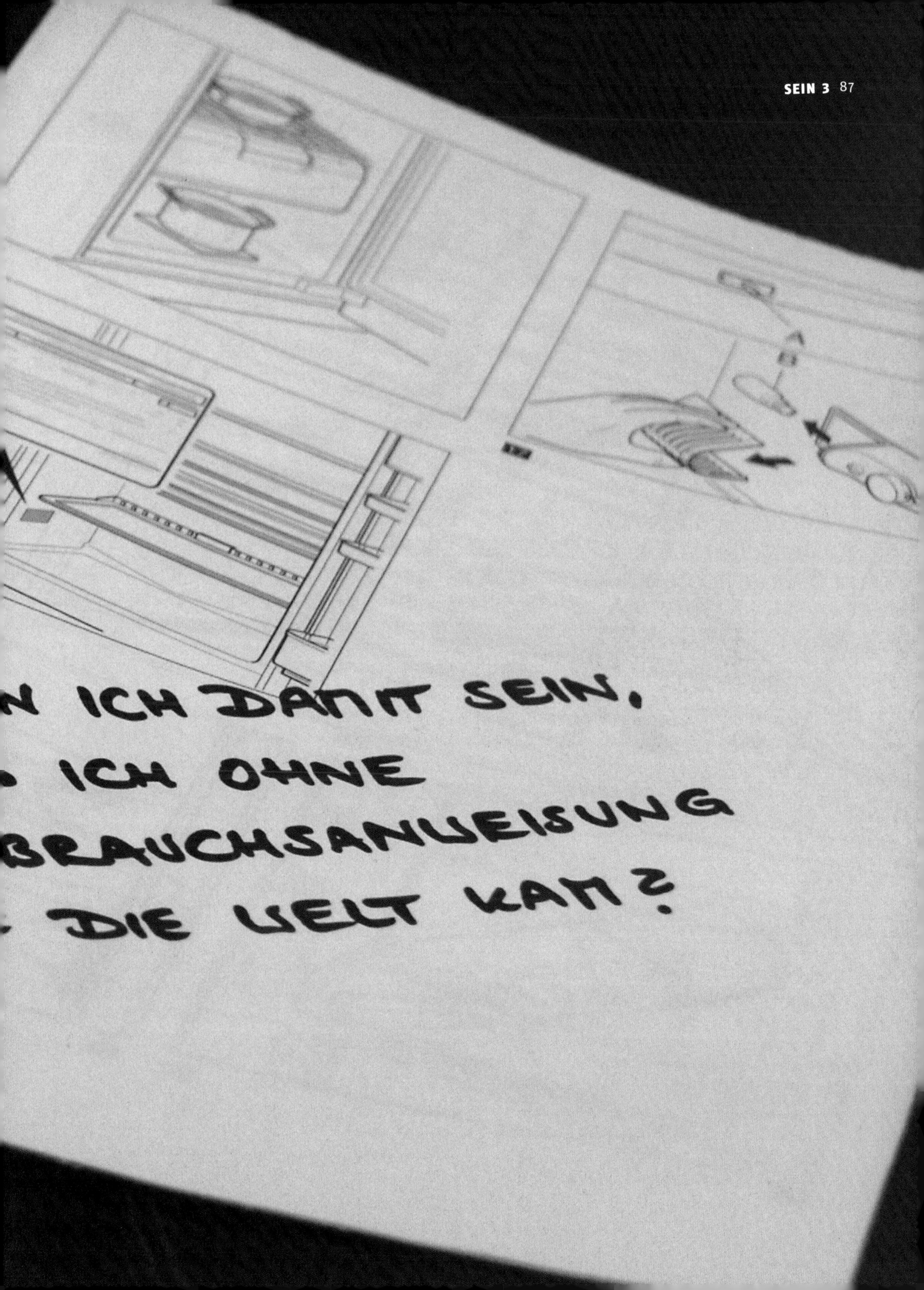
N ICH DAMIT SEIN.
ICH OHNE
BRAUCHSANWEISUNG
DIE WELT KAM?

WIE SEHR STREBEN WIR NACH BEHAGLICHKEIT? SO SEHR, DASS WIR UNA
DIE WAHRHEIT ZURÜCKHALTEN, WENN ES ANGEBRACHT WÄRE, SIE AUSZUS
ZU VERMEIDEN? SO SEHR, DASS WIR UNS SELBST AUFGEGEBEN HABEN? S
ZURÜCKSCHAUEN KÖNNEN, AN DENEN WIR ES BEHAGLICH HATTEN?

ICHTIG GEWORDEN SIND? SO SEHR, DASS WIR LÜGEN UND
CHEN? SO SEHR, DASS WIR ALLES TUN, NUR UM UNANNEHMLICHKEITEN
HR, DASS WIR IM ALTER AUF DIE WENIGEN HIGHLIGHTS

Potenzieren wir unsere täglichen Streitereien
und erweitern wir sie um ein paar mehr Menschen,
dann ist das, was wir haben, KRIEG.

Krieg ist ein gewaltiges Rechthaben auf Weltebene,
geschaffen von jedem einzelnen von uns.

Frieden ist ein gewaltiges einfach-so-sein auf
Weltebene, geschaffen von jedem einzelnen von uns.

ICH BIN EIN GUTER MENSCH.

an
nend

cht
nt hätte.

r Zeit
er eine

WER SUCHT, WIRD ES FINDEN!

KANN ICH VOLLER ENGAGEMENT ETWAS ANSTREBEN UND GLEICHZEITIG

LLES DEM UNIVERSUM ÜBERGEBEN?

DARF ICH MEIN LEBEN BEI SO VIEL SCHMERZ, UNRECHT UND LEIDEN AU

DIESER WELT IN VOLLEN ZÜGEN GENIESSEN?

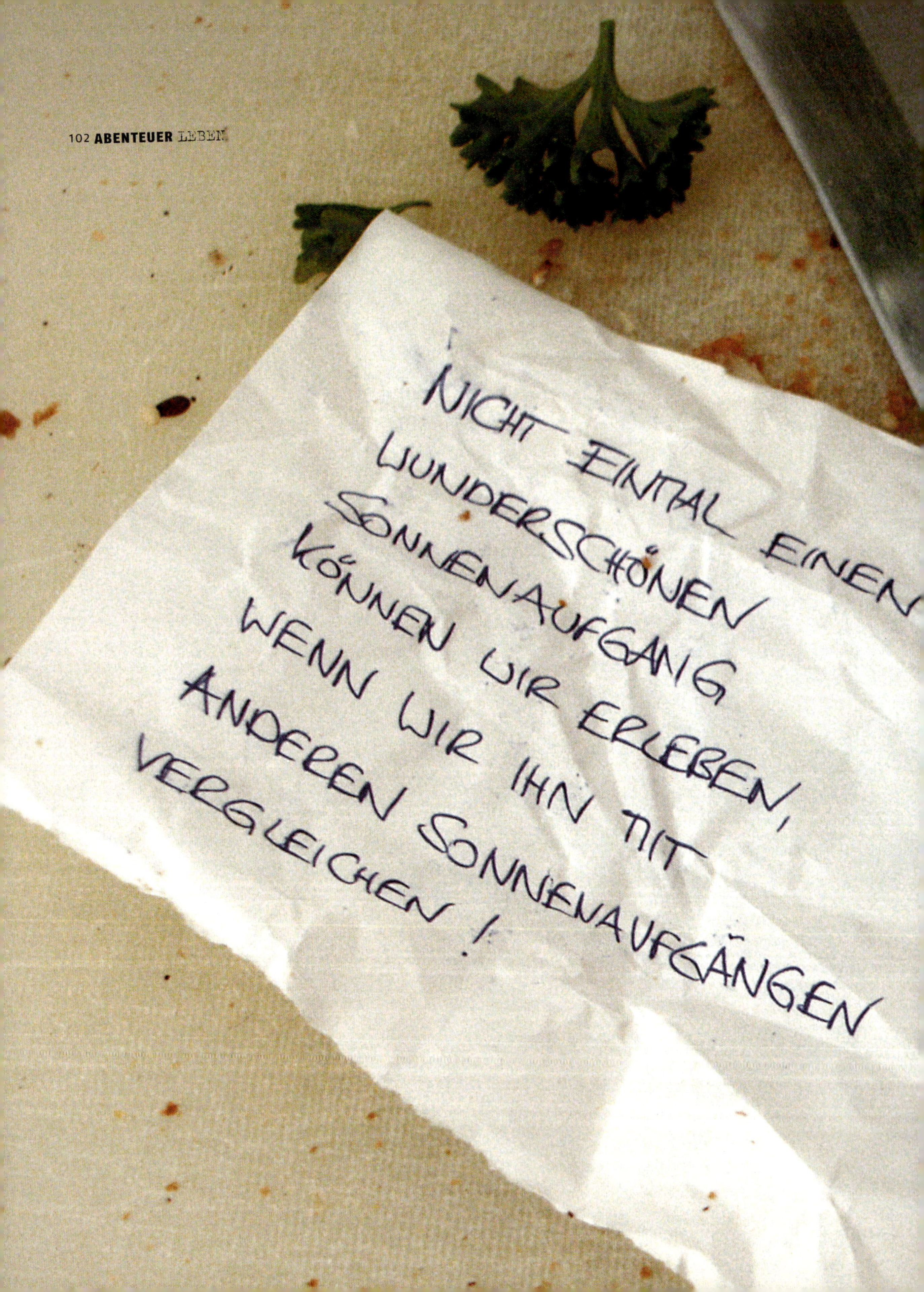
NICHT EINMAL EINEN
WUNDERSCHÖNEN
SONNENAUFGANG
KÖNNEN WIR ERLEBEN,
WENN WIR IHN MIT
ANDEREN SONNENAUFGÄNGEN
VERGLEICHEN!

FÜR ALLES, WAS WIR IM LEBEN MACHEN UND NICHT MACHEN, GIBT ES
IST NIEMALS RICHTIG ODER FALSCH, WEDER GUT NOCH SCHLECHT. AUCH

ONSEQUENZEN. DAS, WAS WIR GETAN UND NICHT GETAN HABEN,
ONSEQUENZEN SIND NIEMALS RICHTIG ODER FALSCH, WEDER GUT
OCH SCHLECHT. ES SIND EINFACH KONSEQUENZEN.

Was ist für mich Erfolg?

Ist es der finanzielle Erfolg oder darf es noch etwas anderes sein?

Eine Tätigkeit, die ich liebe

Tolle Freundschaften

Weiterbildung

Kinder

Mitgefühl empfinden

Spaß

Innerer Friede

Persönliche Weiterentwicklung

Verbundenheit

Präsent sein

Schöpferisch sein

Anderen Menschen beitragen

Zufriedenheit

Liebe

...

WAS DARF ES DENN SEIN?

..hart!
stimmt!

VIELLEICHT DENKEN ANDERE MENSCHEN GENAU DASSELBE ÜBER MICH UN

AS, WAS ICH ANBIETE! IST DAS SO?

Einen Menschen schuldig sprechen, bedeutet, ihn schlecht zu machen, ihn zu verurteilen und ihn direkt in die Verantwortungslosigkeit zu begleiten. Er kann dann mit dem unehrlichen Gefühl namens Schuld bezahlen und es wieder tun.

WER DAS LEBEN VERÄNDERN WILL, UM ES LEBENSWERTER ZU MACHEN,

WIRD DIES BIS ANS ENDE SEINER TAGE VERSUCHEN.

WIR KÖ
STÄNDIG
WO
ES GEN
AN
VER
UM ZUF
ST

UNSER
ODER
KLEBEN
VORSTELLUNG,
UND MENSCHEN
ZU MÜSSEN,
ZU SEIN,
ZU SEIN
EINFACH

WIE WOLLEN WIR UNS WEITER ENTWICKELN, WENN WIR NUR FÜR DIE A

ENEHMEN EREIGNISSE IN UNSEREM LEBEN DANKBAR SIND?

WER SICH VERÄNDERN WILL, UM DAS LEBEN LEBENSWERTER ZU MACHEN

WIRD DIES BIS ANS ENDE SEINER TAGE VERSUCHEN.

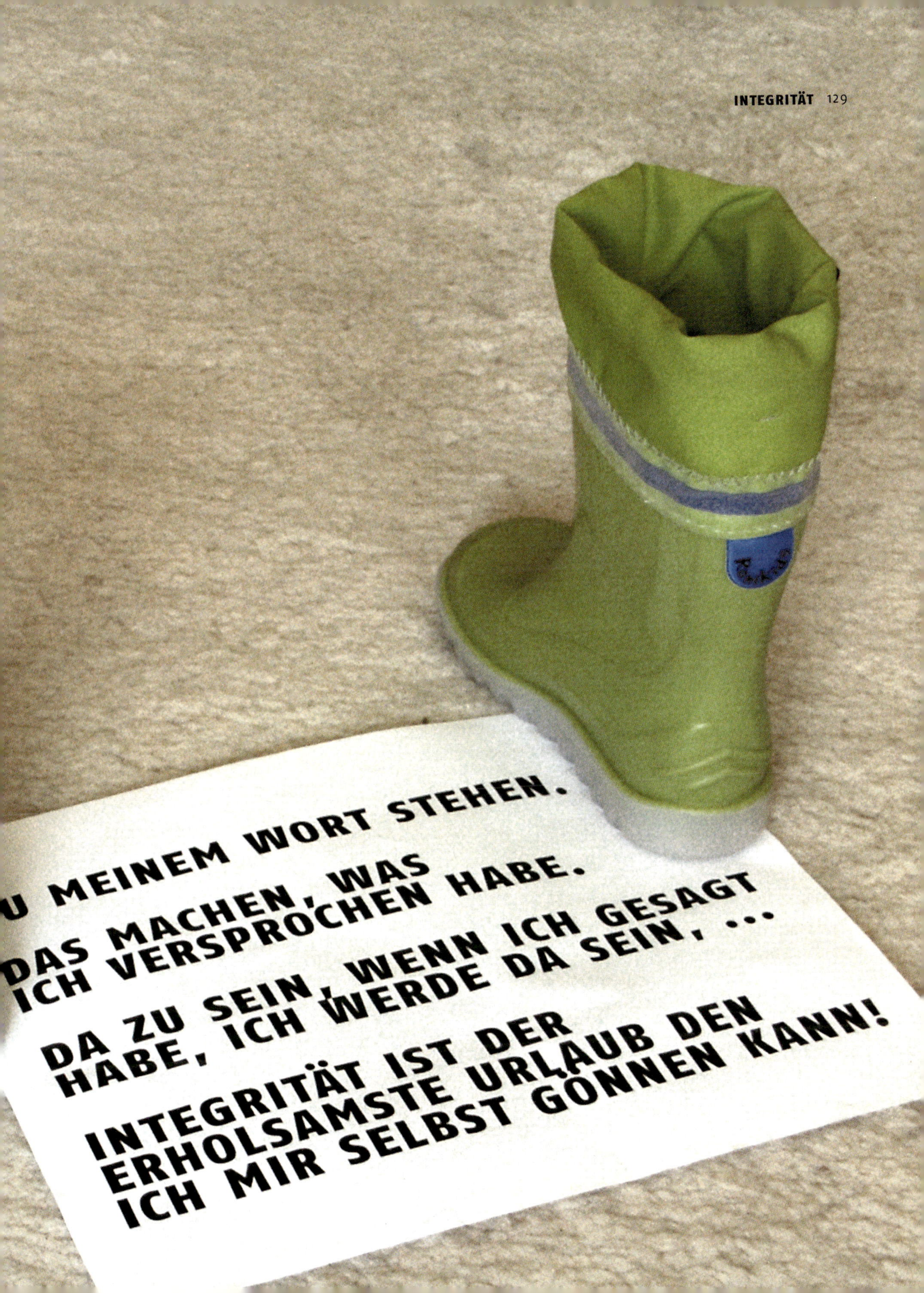
U MEINEM WORT STEHEN.
DAS MACHEN, WAS
ICH VERSPROCHEN HABE.
DA ZU SEIN, WENN ICH GESAGT
HABE, ICH WERDE DA SEIN, ...
INTEGRITÄT IST DER
ERHOLSAMSTE URLAUB DEN
ICH MIR SELBST GÖNNEN KANN!

WARUM?

Was darf nicht sein, so wie es ist?

Woggegen sind wir?

Darf es Lügen geben?

Darf es Manipulation geben?

Darf es Fehler geben?

Darf es Ungeplantes geben?

Darf es Geiz geben?

Darf es Egoismus geben?

Darf es Diebstahl geben?

Darf es Vegetarier geben?

Darf es andere Religionen geben?

Darf es andere Meinungen geben?

Darf es andere Sichtweisen geben?

Darf es Männer geben?

Darf es kranke Menschen geben?

Darf es Homosexualität geben?

Darf es Gewalt geben?

Darf es Verurteilungen geben?

Darf es Menschen mit anderer Hautfarbe geben?

Darf es Fremdgehen geben?

Darf es tödliche Autounfälle geben?

Darf es Beschimpfungen geben?

Darf es Mord geben?

Darf es gerechtfertigten Mord geben?

Darf es Völkermord geben?

Darf es Urteile geben?

6

Darf es ... geben?

„Nein!
tödliche
Autounfälle
darf es
nicht geben!
Da hört es auf,
das darf
nicht sein,
das ist falsch,
das ist
schlecht,
das kann ich
niemals
akzeptieren!“

ALLES WIRD GUT.

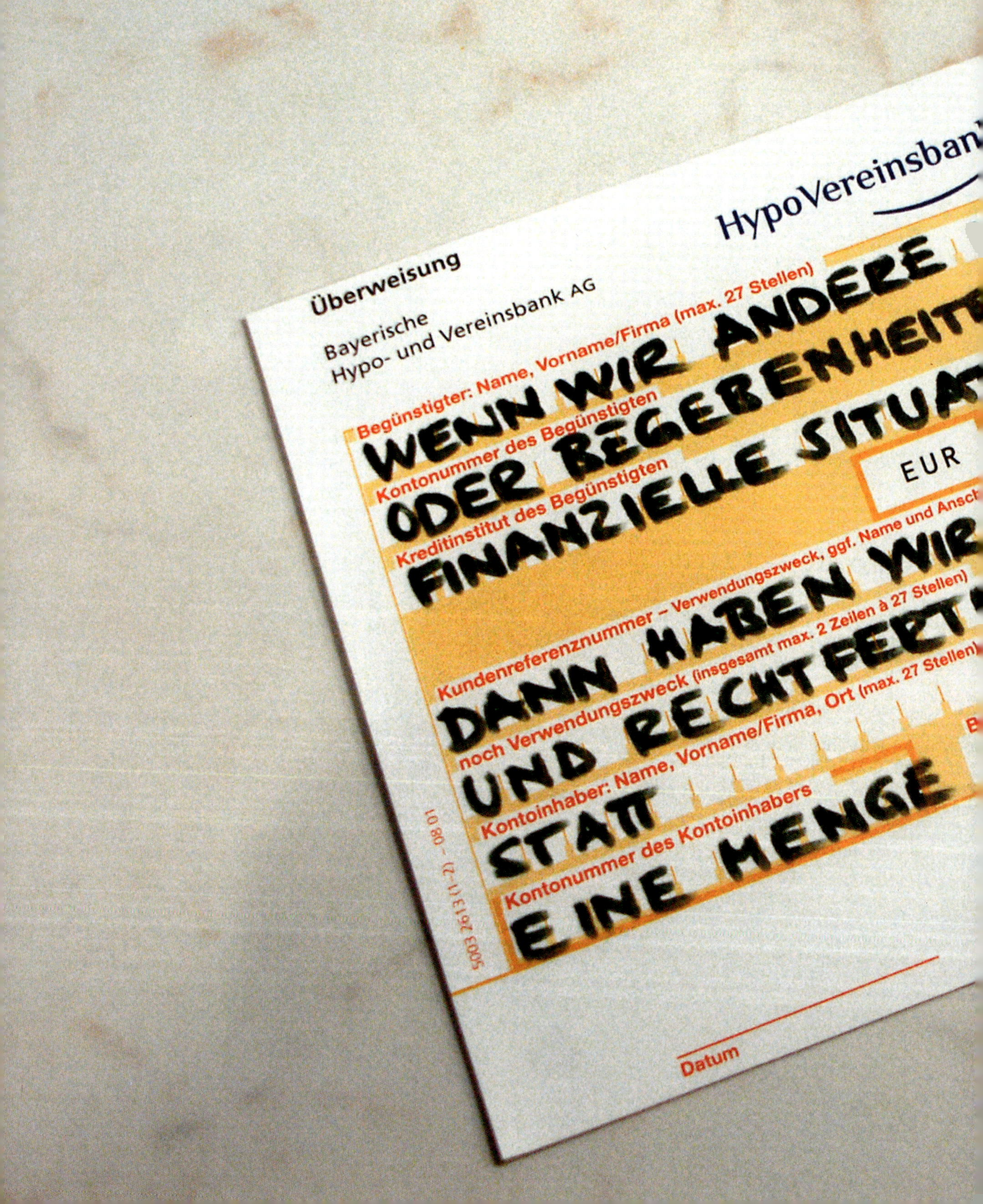
Überweisung
Bayerische
Hypo- und Vereinsbank AG
Begünstigter: Name, Vorname/Firma (max. 27 Stellen)
WENN WIR ANDERE
Kontonummer des Begünstigten
ODER
Kreditinstitut des Begünstigten
FINANZIELLE
EUR
Kundenreferenznummer – Verwendungszweck, ggf. Name und
DANN HABEN WIR
noch Verwendungszweck (insgesamt max. 2 Zeilen à 27 Stellen)
UND
Kontoinhaber: Name, Vorname/Firma, Ort (max. 27 Stellen)
STATT
Kontonummer des Kontoinhabers
EINE MENGE
5003 2613 (1-2) – 08.01
Datum

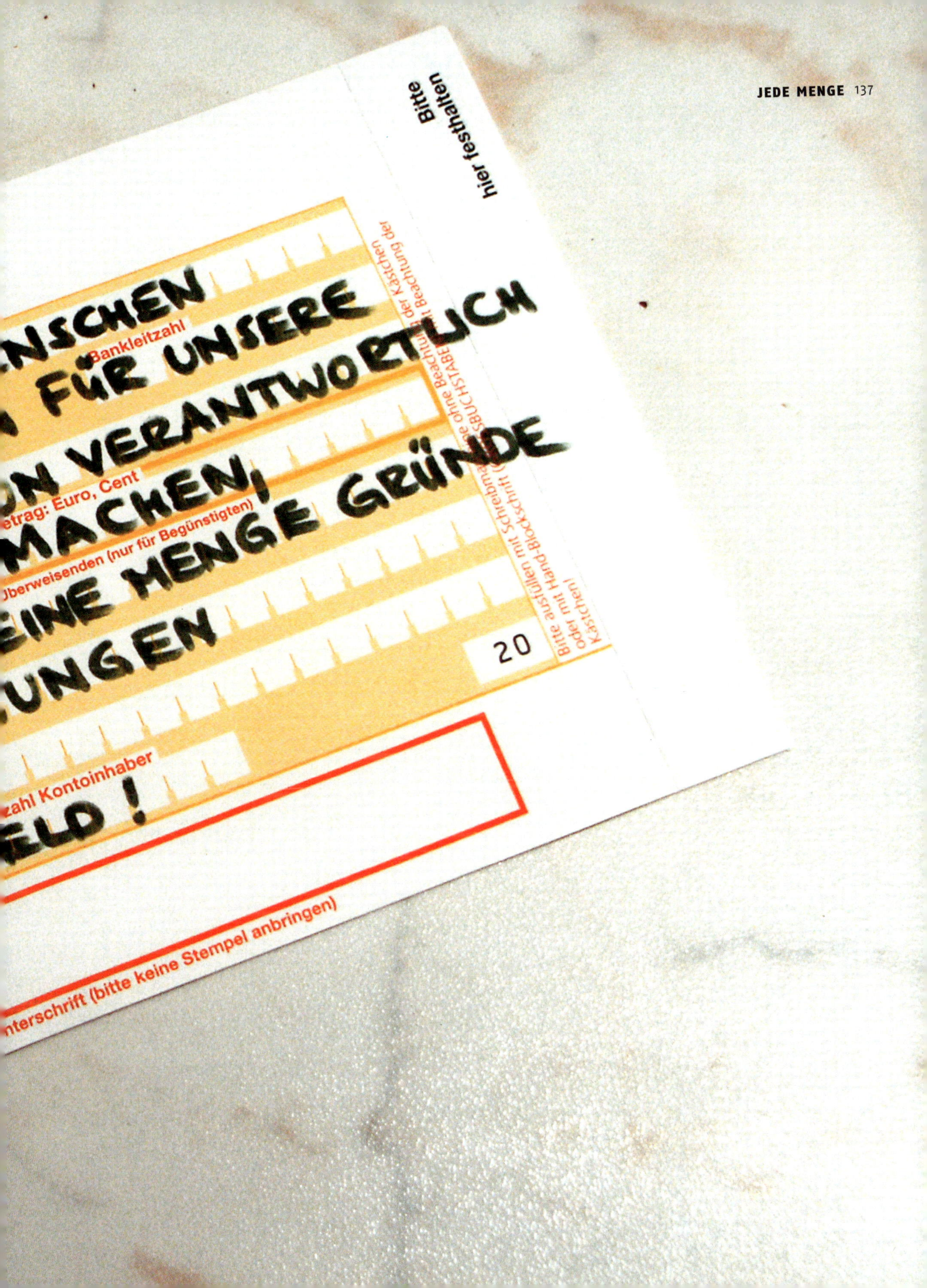
Bitte
hier festhalten
NSCHEN
Bankleitzahl
FÜR UNSERE
ON VERANTWORTLICH
etrag: Euro, Cent
MACHEN,
Überweisenden (nur für Begünstigten)
EINE MENGE GRÜNDE
UNGEN
20
zahl Kontoinhaber
ELD !
nterschrift (bitte keine Stempel anbringen)

WIE SEHR BIN ICH SCHÖPFER STATT OPFER?

KANN ICH DAMIT SEIN,
DASS ES NICHT DIE
ANTWORT GIBT ???

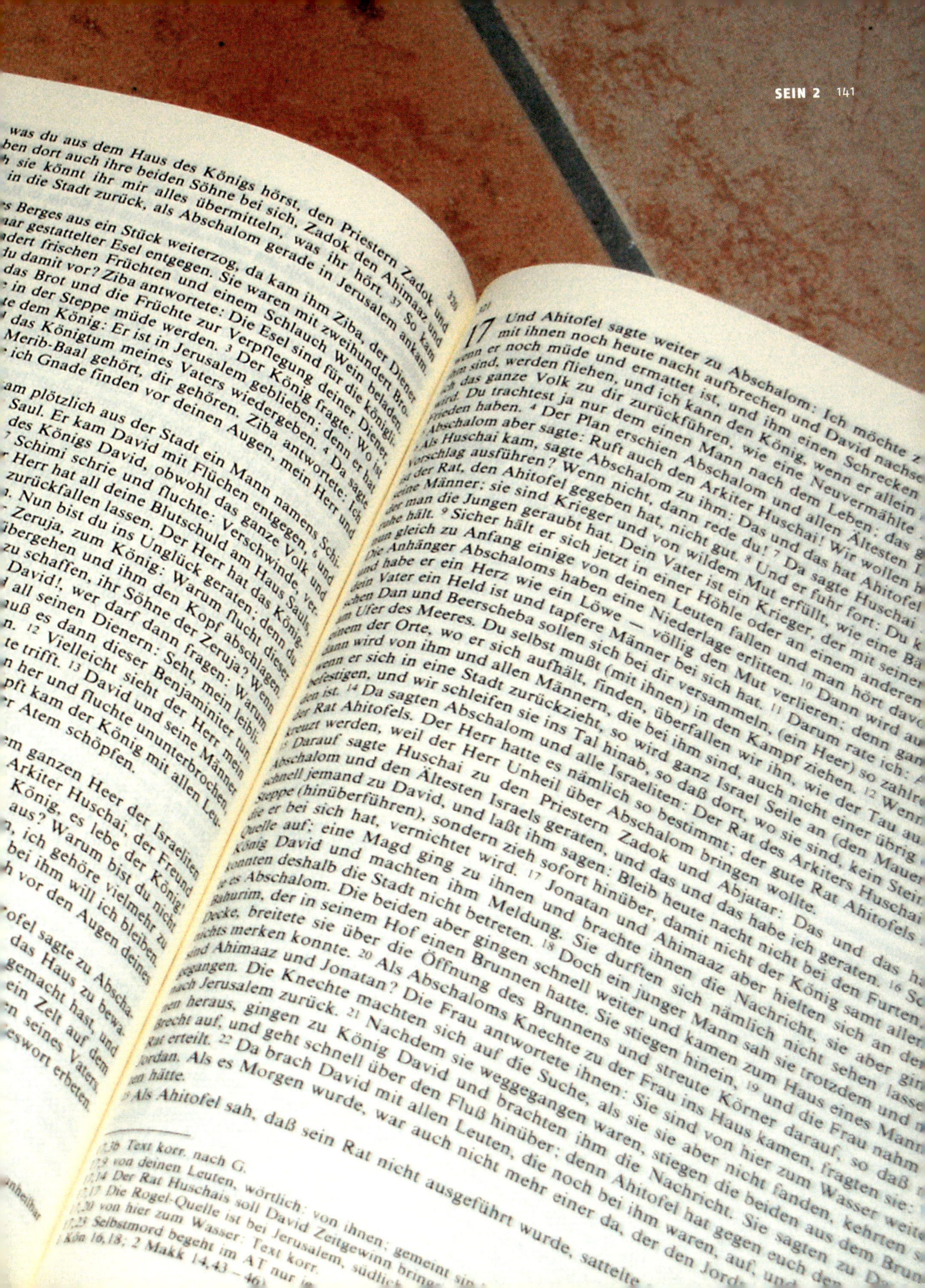
17 Und Ahitofel sagte weiter zu Abschalom: Ich möchte
mit ihnen noch heute nacht aufbrechen und David nachse
wenn er noch müde und ermattet ist, und ihm einen Schrecken
das ganze Volk zu dir zurückführen, wie eine Neuvermählte
Der Plan erschien Abschalom und allen Ältesten
Als Huschai kam, sagte Abschalom zu ihm: Das und das hat Ahitofel
Sicher hält er sich jetzt in einer Höhle oder an einem anderen
Die Anhänger Abschaloms haben eine Niederlage erlitten.
Ufer des Meeres. Du selbst mußt (mit ihnen) in den Kampf ziehen.
Da sagten Abschalom und alle Israeliten: Der Rat des Arkiters Huschai
Darauf sagte Huschai zu den Priestern Zadok und Abjatar: Das und das
Als Ahitofel sah, daß sein Rat nicht ausgeführt wurde, sattelte
17,9 von deinen Leuten, wörtlich: von ihnen; gemeint sin
17,14 Der Rat Huschais soll David Zeitgewinn bringe
17,17 Die Rogel-Quelle ist bei Jerusalem, südlich
17,20 von hier zum Wasser: Text korr.
17,23 Selbstmord begeht im AT nur
was du aus dem Haus des Königs hörst, den Priestern Zadok und
Saul. Er kam David mit Flüchen entgegen.
Schimi schrie und fluchte: Verschwinde, verschwinde
Herr hat all deine Blutschuld am Haus Sauls
Atem schöpfen.

WIR BEKOMMEN GELD FÜR UNSEREN STRESS, UNSERE HEKTIK, UNSERE HANDELN! WIR BEZAHLEN GELD FÜR UNSERE ARZTRECHNUNGEN, UNSERE

ANGELNDE HINGABE, UNSER HALBHERZIGES ENGAGEMENT UND UNLIEBSAMES
HERAPIEN, UNSERE KUREN UND SONSTIGEN GESUNDUNGSMASSNAHMEN!

WENN WIR UNS DEM LEBEN HINGEBEN, ALLES SEIN DARF, UNS ALSO OHN

INNERER FRIEDE ENTSTEHEN, DER NICHT ERKLÄRT WERDEN KANN. ALLES

DERSTAND VOLL UND GANZ AUSLEBEN, DANN KANN IN UNS EIN

AS WIR HIERFÜR TUN MÜSSEN IST NICHTS.

FINITIONEN
ZERSTÖREN
DIE
NEUGIER
!

HABE ICH DIE SCHÖNHEIT DES LEBENS SO SEHR VERDECKT, DASS ICH GL

BE, ETWAS IM LEBEN VERÄNDERN ZU MÜSSEN?

Für alles gibt es eine rationale
Erklärung. Hin und wieder ist es
erforderlich zu Lügen.
Es gibt gute Menschen und
schlechte Menschen.
Es gibt Richtiges und Falsches.
Ich weiß was richtig und falsch ist.
Ich weiß was gut und schlecht ist.
Ich weiß was wirklich ist und was nicht.
Mit genügend Geld habe ich keine
Sorgen mehr.
Um zu gewinnen muss ein anderer
verlieren.
Erfolg kommt durch harte Arbeit.
Leben ist gefährlich.
Ich habe zu wenig Geld.
Ich habe zu wenig Zeit.
Es gibt hier bestimmte Regeln.
Wenn ich die Regeln kenne,
dann wird alles besser.
...

Wir glauben, statt zu sein.

Wir glauben vielleicht:

Das Leben ist hart.
Leiden ist unumgänglich.
Ich habe mit allem was ich denke Recht.
Ich weiß, wie das Leben wirklich ist.
Ich muss weiter kommen.
Ich weiß noch zu wenig.
Ich kann noch zu wenig.
Ich muss meine Eltern lieben.
Ich muss meine Ziele erreichen.
Ich muss mir immer wieder Ziele setzen.
Es ist wichtig weiter zu kommen.
Ich muss mich verstellen,
um weiter zu kommen.
Meine Eltern lieben mich nicht wirklich.
Keiner liebt mich wirklich.
Ich bin nicht vollständig.
Besitz macht glücklich und vollständig.
Andere müssen mich glücklich machen.
Ohne Glück kann ich nicht
zufrieden sein.

WER SELBST EIN PROBLEM ERSCHAFFT, DER KOMMT AUCH IN DIE VERSUC

NG ES LÖSEN ZU WOLLEN!

DIE SCHLECHTE NATUR
– Nur gut, dass ich das bemerkt habe!

Die Vögel zwitschern. Das Wasser strömt durch die Felsen hindurch. Die Rosen blühen und die grosse Eiche spendet uns angenehmen Schatten! Wow – das tut richtig gut! Ich gehe weiter und sehe plötzlich eine verdorrte Pflanze, ein abgefallener Ast liegt am Boden und neben ihm ein toter Igel. Das sieht gar nicht gut aus. Das kann nicht gut sein! Hier noch ein totes Tier und da drüben ein ganzes Feld voller verdorrter Pflanzen! Inmitten des Feldes ein angebissener Kaninchenkadaver! Das arme Kaninchen, die armen Pflanzen. Wie kann die Natur nur so grausam sein? Das ist gar nicht gut!
Das darf nicht sein! Jetzt erkenne ich erst, was hier los ist. Die Vögel zwitschern nicht voller Freude, sie boten sich gegenseitig aus! Das Wasser höhlt den Felsen aus und macht ihn kaputt. Die Rosen haben Dornen und die Eiche ist voller Pilze! Mir wird schlecht und ich übergebe mich! Danach laufe ich schnell nach Hause und bin froh, der schlechten Natur entkommen zu sein!

DARF ICH MENSCH SEIN?

DÜRFEN ANDERE MENSCHEN MENSCH SEIN?

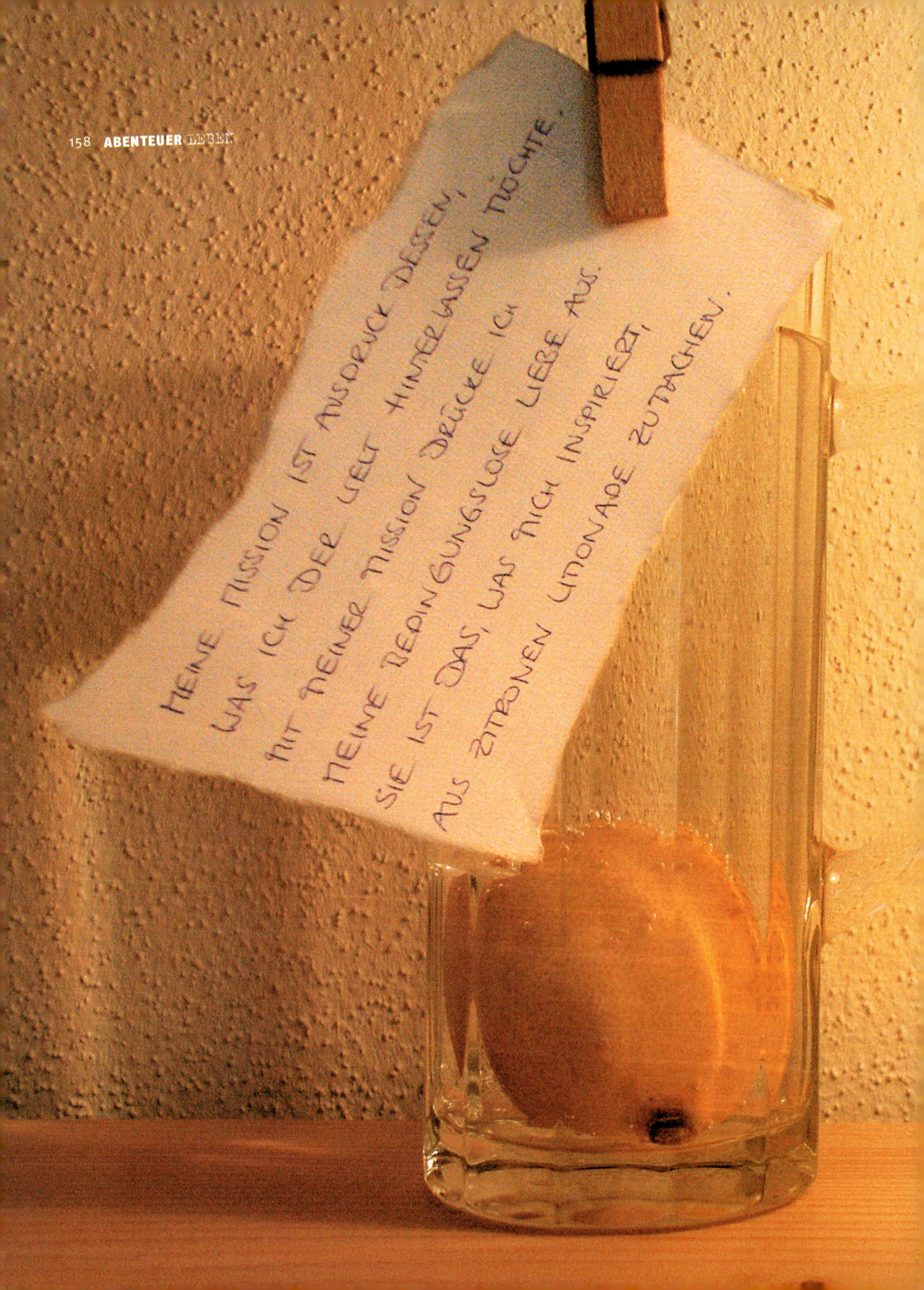
MEINE MISSION IST AUSDRUCK DESSEN,
WAS ICH DER WELT HINTERLASSEN MÖCHTE.
MIT MEINER MISSION DRÜCKE ICH
MEINE BEDINGUNGSLOSE LIEBE AUS.
SIE IST DAS, WAS MICH INSPIRIERT,
AUS ZITRONEN LIMONADE ZU MACHEN.

WIE SEHR VERTRAUE ICH MEINER INTUITION?

FREUDE, SPASS, VERGNÜGEN UND LIEBE WAREN UNSER GRUNDLEGENDES
UND REIF WURDEN. UNSER LEBEN WAR EIN SPIEL. SELBST WEINEN UND
FEIERN, WENN WIR DADURCH ETWAS BEWIRKT HATTEN. UNSER LEBEN WAR
IST. BEVOR WIR UNS SICHER WAREN, DASS FREUDE, SPASS, VERGNÜGEN
LEBEN EIN GEGENTEIL GIBT.

ERLEBEN IN DEN ERSTEN JAHREN UNSERES LEBENS BEVOR WIR KLUG
TRAUERN WAR TEIL DES SPIELES UND EIN WUNDERVOLLER ANLASS ZU
EIN SPIEL, BEVOR WIR VERSTANDEN HABEN, WIE DIE WELT WIRKLICH
UND LIEBE NICHT ABSOLUT SEIN KÖNNEN, SONDERN ES ZU ALLEM IM

Wir können unseren Ballast

nicht aus unserem Leben verbannen!

Wir werden immer feste Standpunkte,

wichtige Überzeugungen, Meinungen, Urteile, ... haben.

Die Möglichkeit, die wir haben, ist dass wir erleben,

dass wir nicht unser Ballast sind, sondern Ballast haben.

Wir können ihn sein lassen,

indem wir Verantwortung für ihn übernehmen.

Wenn wir ihn sein lassen, dann lassen wir ihn sein.

Er darf sein!

WIE OFT LACHEN WIR IM NACHHINEIN ÜBER UNSERE ÄNGSTE, SORGEN UND

WIE OF

WEIFEL?

ACHEN WIR IM VORNEHEREIN ÜBER UNSERE ÄNGSTE, SORGEN UND ZWEIFEL?

WENN WIR HOFFEN, SIND WIR IN DER VORSTELLUNG GEFANGEN, DASS ES
KANN, DAS EBENFALLS NICHT GUT SEIN KANN.

O, WIE ES IST, NICHT GUT IST UND ETWAS IN DER ZUKUNFT PASSIEREN

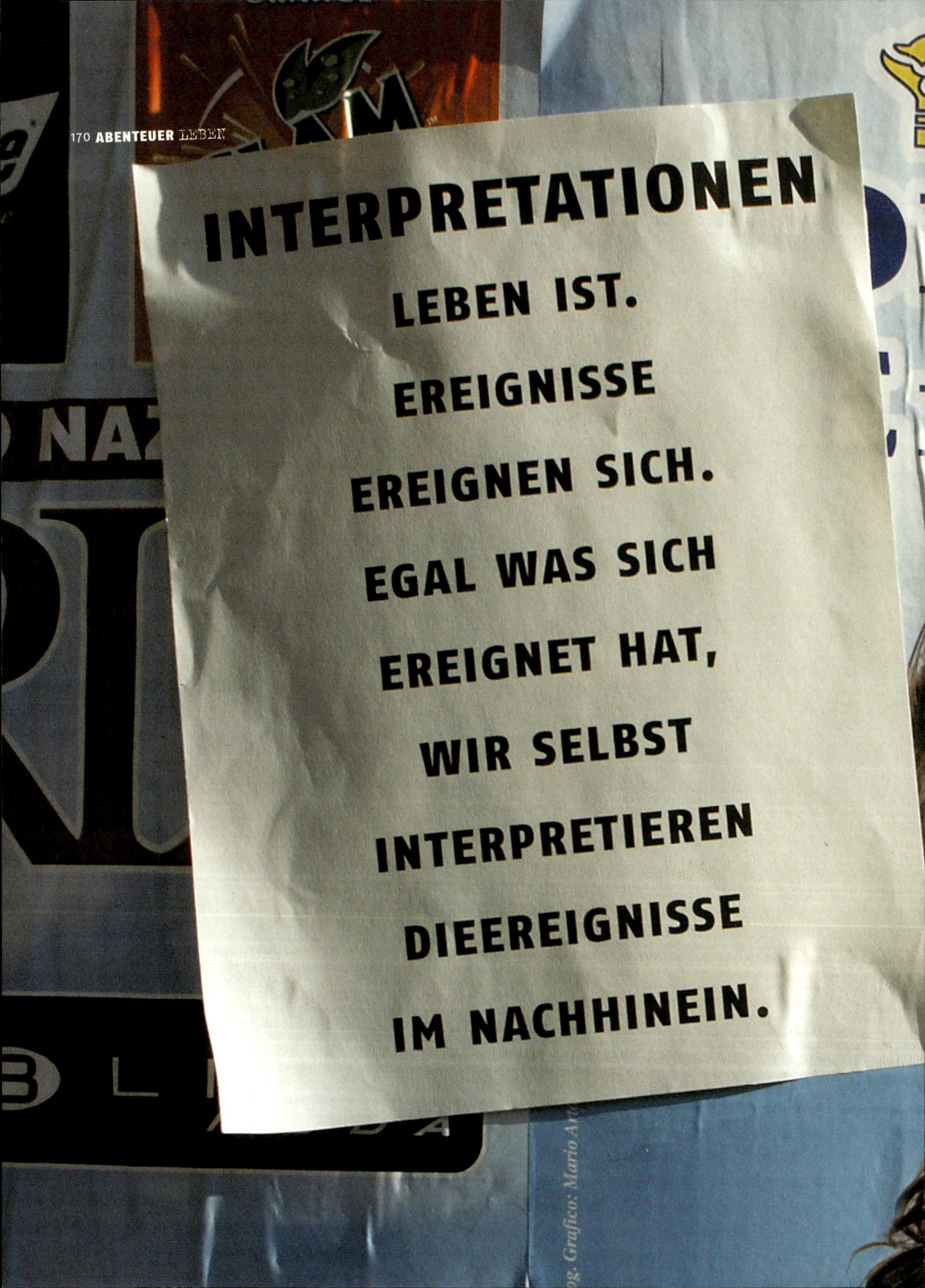
INTERPRETATIONEN
LEBEN IST.
EREIGNISSE
EREIGNEN SICH.
EGAL WAS SICH
EREIGNET HAT,
WIR SELBST
INTERPRETIEREN
DIEEREIGNISSE
IM NACHHINEIN.

PEPSI
Gatorade
CONCORSO
MISS
GRAND
Patrizio Panichi
JEANS COUTURE

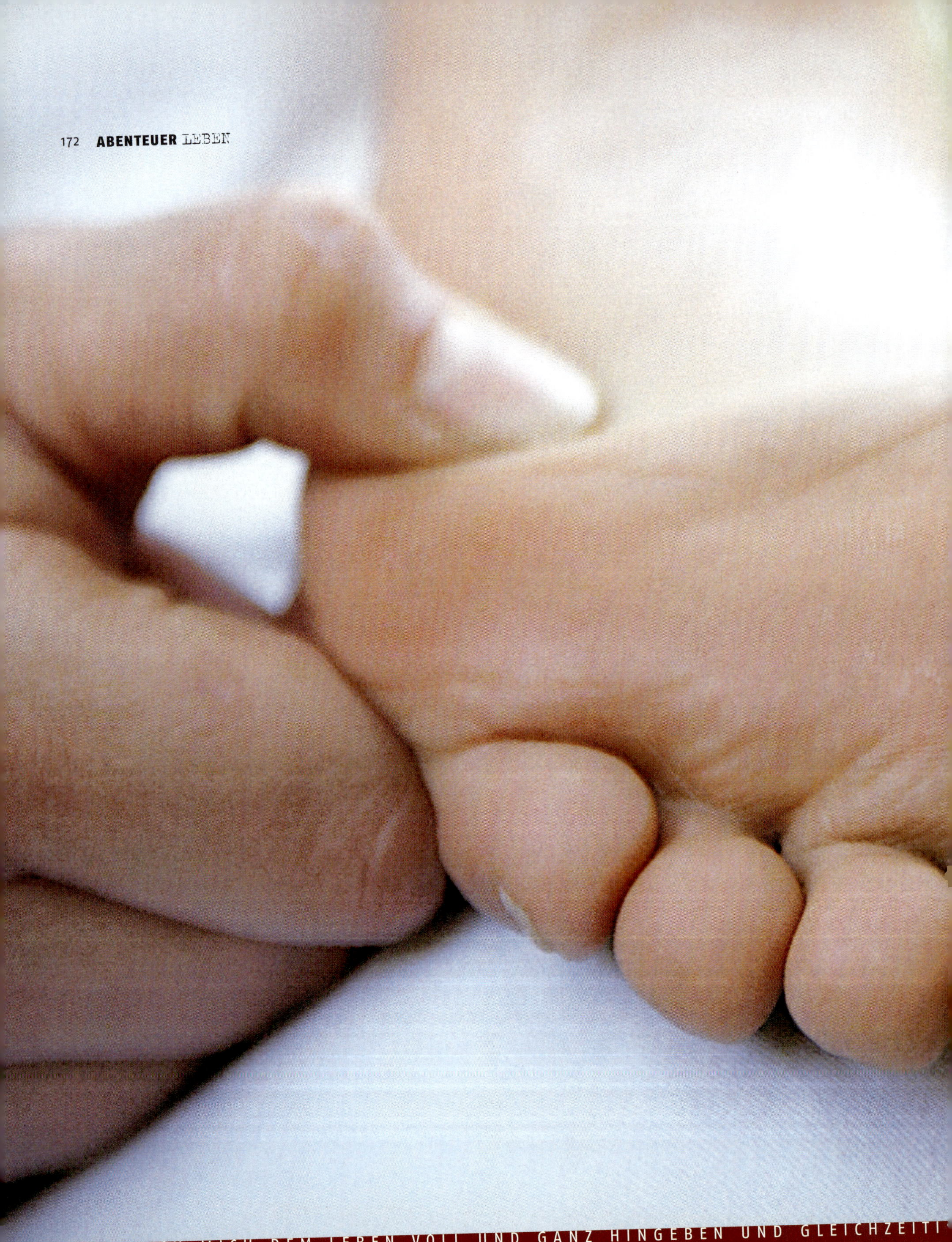

KANN ICH MICH DEM LEBEN VOLL UND GANZ HINGEBEN UND GLEICHZEITI

MEIN LEBEN AKTIV GESTALTEN?

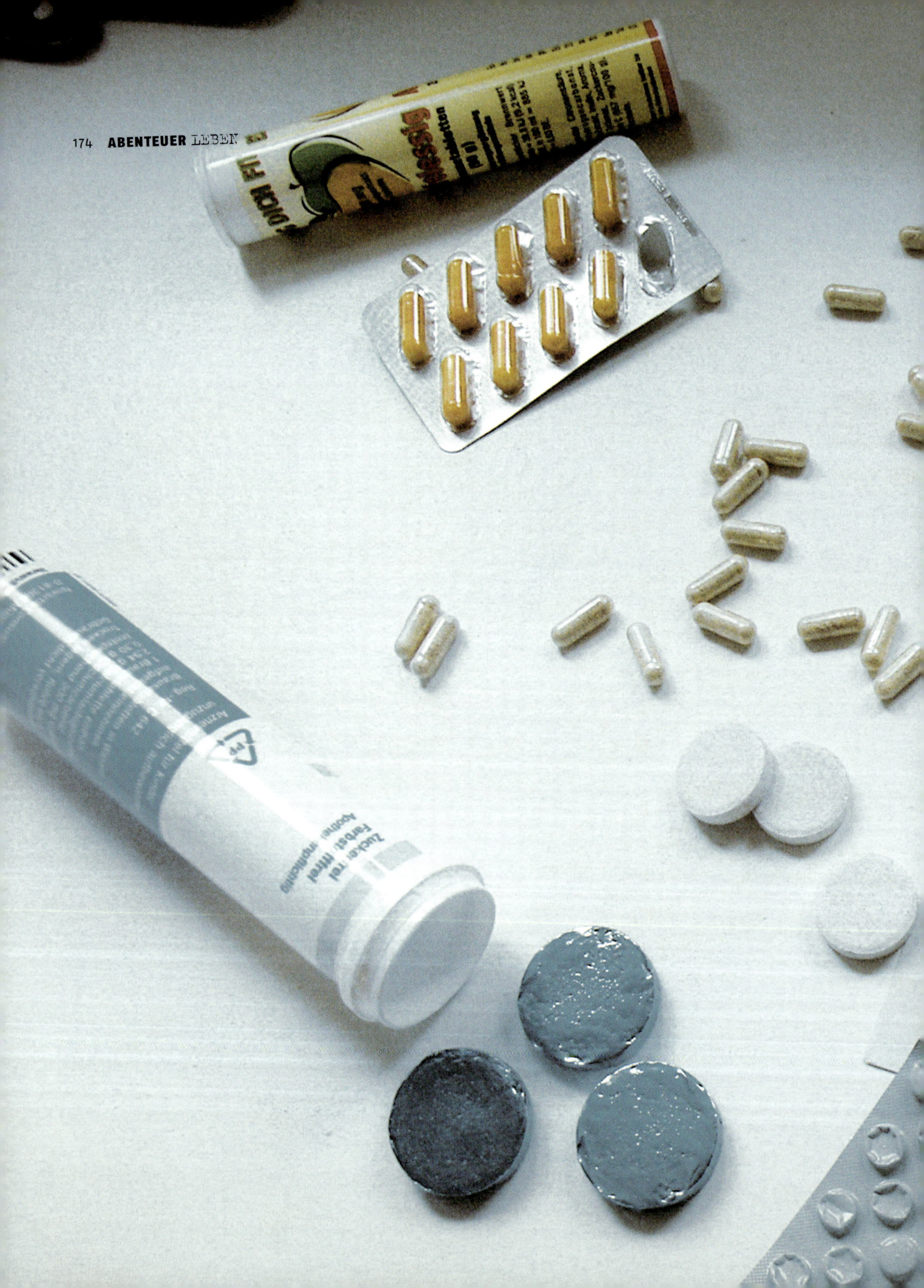

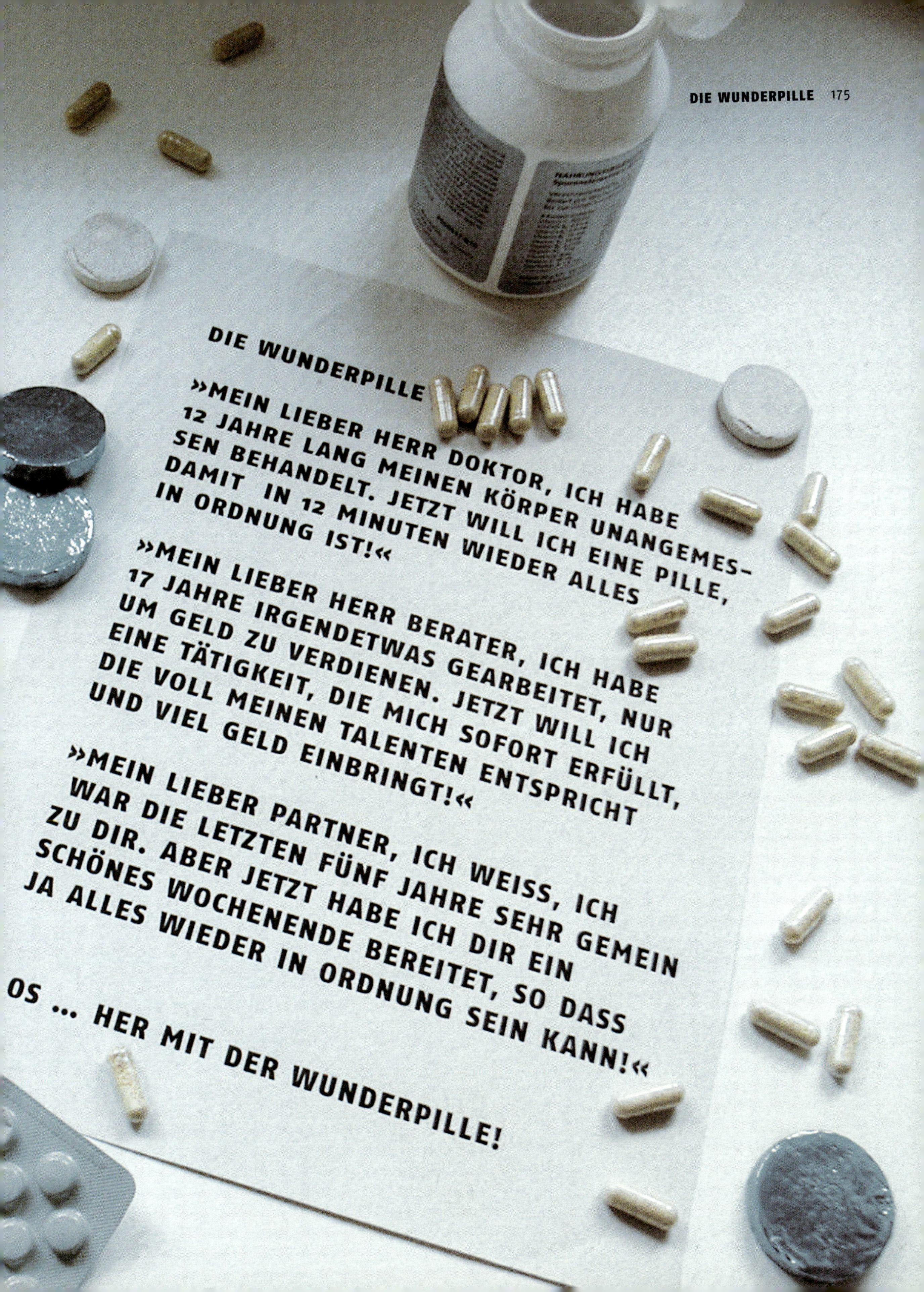
DIE WUNDERPILLE
»MEIN LIEBER HERR DOKTOR, ICH HABE 12 JAHRE LANG MEINEN KÖRPER UNANGEMESSEN BEHANDELT. JETZT WILL ICH EINE PILLE, DAMIT IN 12 MINUTEN WIEDER ALLES IN ORDNUNG IST!«
»MEIN LIEBER HERR BERATER, ICH HABE 17 JAHRE IRGENDETWAS GEARBEITET, NUR UM GELD ZU VERDIENEN. JETZT WILL ICH EINE TÄTIGKEIT, DIE MICH SOFORT ERFÜLLT, DIE VOLL MEINEN TALENTEN ENTSPRICHT UND VIEL GELD EINBRINGT!«
»MEIN LIEBER PARTNER, ICH WEISS, ICH WAR DIE LETZTEN FÜNF JAHRE SEHR GEMEIN ZU DIR. ABER JETZT HABE ICH DIR EIN SCHÖNES WOCHENENDE BEREITET, SO DASS JA ALLES WIEDER IN ORDNUNG SEIN KANN!«
OS … HER MIT DER WUNDERPILLE!

Finanzielle Ebbe, keine Freunde mehr,

keine Anstellung mehr, keine Geschäftspartner mehr,

kein Einkommen mehr, kein Vertrauen, keine Freude,

keine Gesundheit,

aber ich habe in jeder Situation Recht behalten!

Vor allem damit, dass die Menschen in meinem Umfeld

nicht in Ordnung sind!

ZUVIEL DENKEN BRINGT UNS IN DIE DENKKISTE. IN DER KISTE ZU SEIN
LÄHMEND, AUFREIBEND, MÜHSELIG, ENERGIERAUBEND, …AUSSEN AUF DE

ST ERMÜDEND, ANSTRENGEND, ZÄH, ERDRÜCKEND, BESCHWERLICH,

DENKKISTE STEHT GESCHRIEBEN, WIE MAN HERAUS KOMMT: TAKE ACTION!

Seville

25
MPH

WIR
ES
AN
UM

UNSER LE
ERBESSER
LEN ODER
ESSEN
WIR KLEBEN
ER VORSTELLUNG,
TUATIONEN UND MENSCHEN
SSERN ZU MÜSSEN,
EDEN ZU SEIN,
TT EINFACH
UFRIEDEN
U SEIN.

MENSCHEN, DIE GLÜCKLICH SIND, TÄUSCHEN DAS NUR VOR!

ODER?

ES KANN NICHT SEIN, DASS...
ES KANN NIEMALS ANDERS SEIN.
ES IST UNMÖGLICH, DASS...
MEIN PARTNER KÖNNTE SICH NIEMALS...
DAS IST LEIDER SO.
ICH KÖNNTE NIEMALS

WIE LANGE WILL ICH MICH NOCH VERSTECKEN?

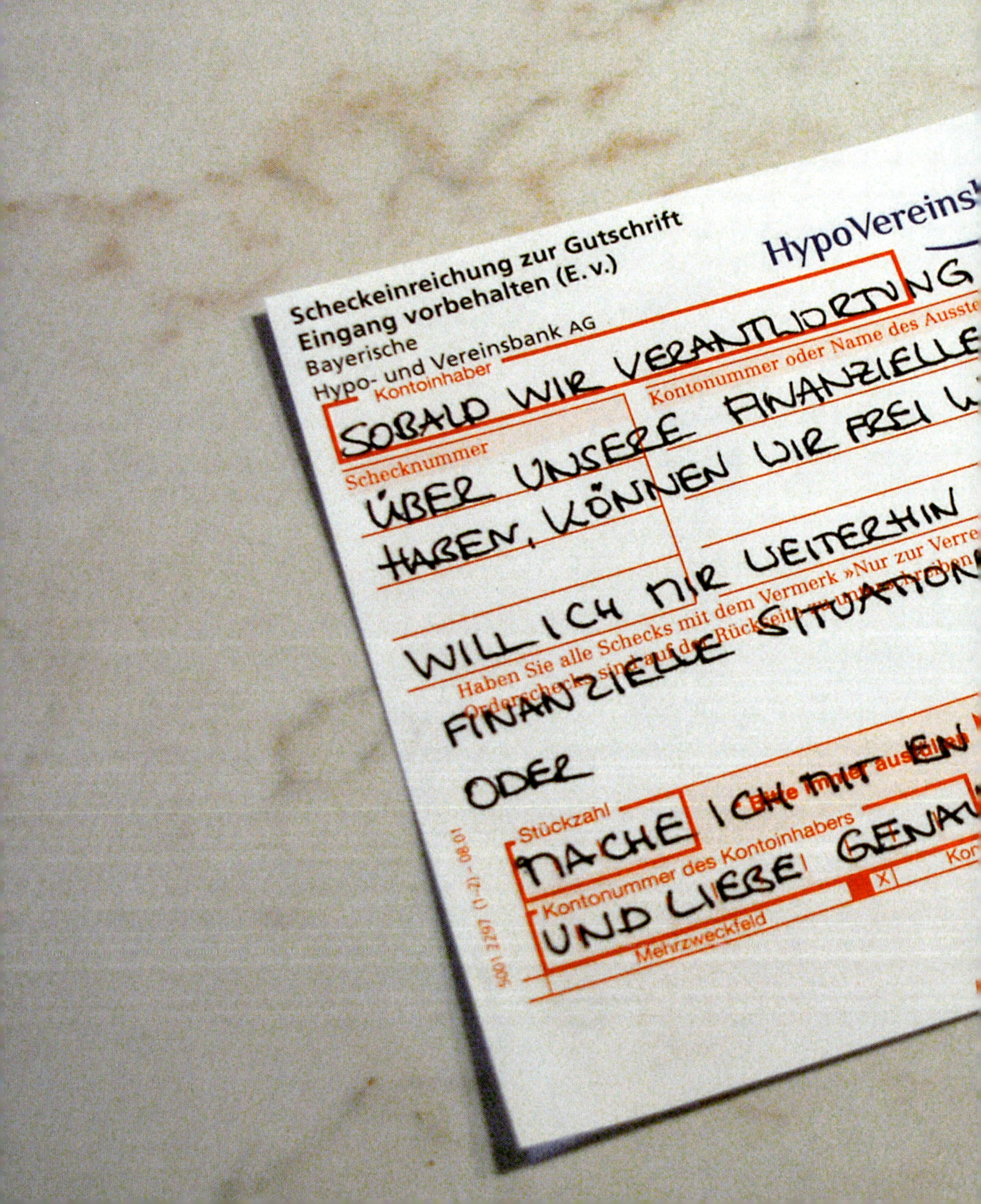
Scheckeinreichung zur Gutschrift
Eingang vorbehalten (E.v.)
Bayerische Hypo- und Vereinsbank AG
Kontoinhaber
Schecknummer
Haben Sie alle Schecks mit dem Vermerk
Stückzahl
Kontonummer des Kontoinhabers
Mehrzweckfeld
SOBALD WIR VERANTWORTUNG
ÜBER UNSERE FINANZIELLE
HABEN, KÖNNEN WIR FREI
WILL ICH MIR WEITERHIN
FINANZIELLE SITUATION
ODER
MACHE ICH MIT
UND LIEBE

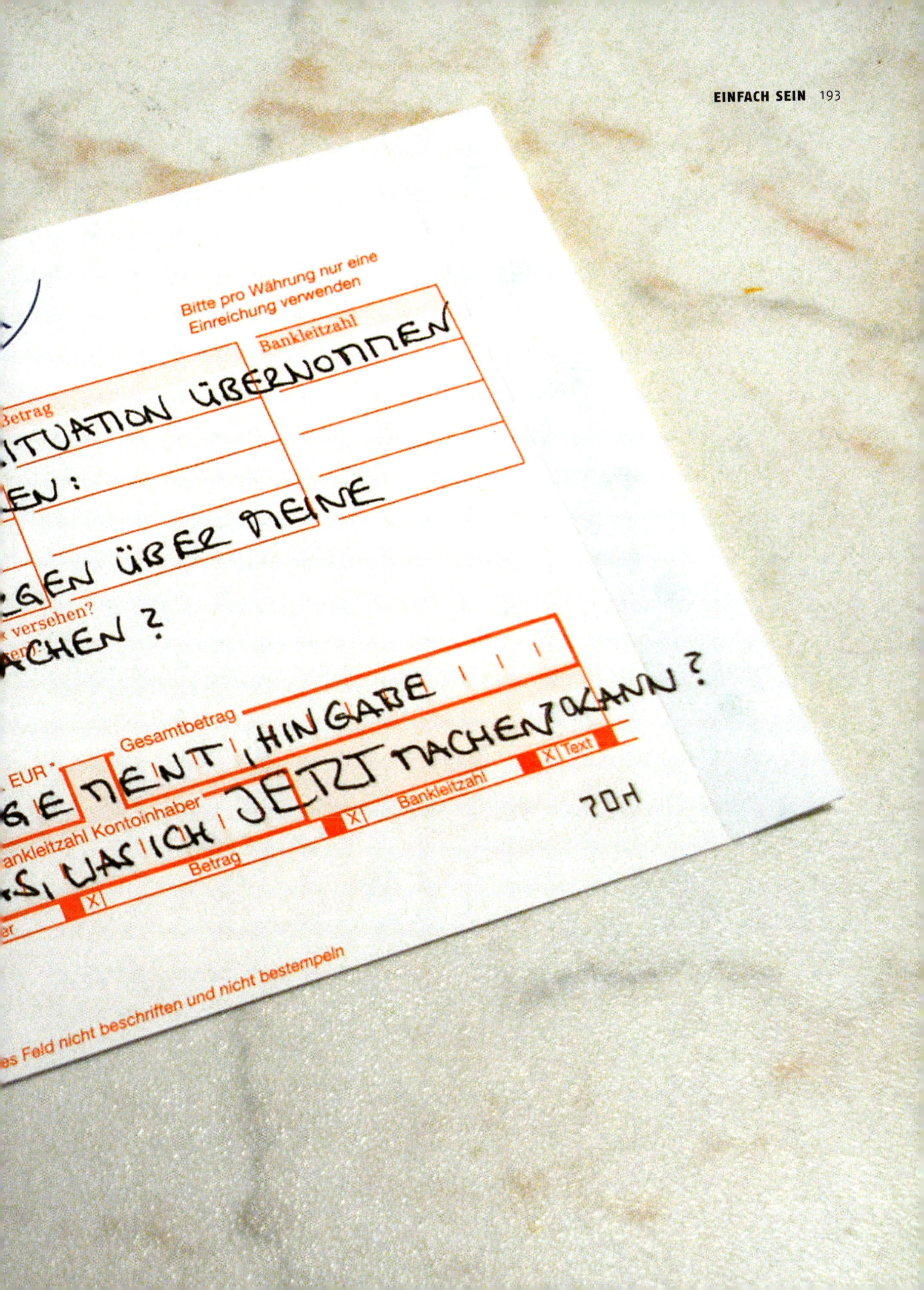
Bitte pro Währung nur eine
Einreichung verwenden
Bankleitzahl
Betrag
ITUATION ÜBERNOMMEN
EN:
GEN ÜBER MEINE
versehen?
ACHEN?
Gesamtbetrag
EUR
GEMENT, HINGABE
Kontoinhaber
S, WAS ICH JETZT MACHEN KANN?
Bankleitzahl
Text
Betrag
70H
Feld nicht beschriften und nicht bestempeln

BIN ICH BEREIT, DIE ALLEINIGE URSACHE FÜR MEINE INTEGRITÄT UND

QUALITÄT MEINES LEBENS ZU WERDEN?

Die Antwort, die alle
Lebensfragen beantwortet.

Die Antwort, die zur
Erleuchtung führt.

Die Antwort, die unser Leben
funktionieren lässt.

Die Antwort, die den Sinn
des Lebens erklärt.

Die Antwort, die die Welt
erklärt.

Die Antwort, die uns inneren
Frieden schenkt.

Die Antwort, die uns
Zufriedenheit und Glück schenkt.

Die Antwort, die uns erfolgreich
werden lässt.

Die Antwort, die nur schwer
zu begreifen ist.

Die Antwort, die einer langen Reise bedarf, um sie zu finden. Die Antwort, nach der so viele Menschen suchen und Unmengen an Zeit und Geld investieren.

Es ist genau die Antwort, die viele Lehrmeister und spirituelle Führer kennen, aber nicht aussprechen, weil sonst ihr Gurudasein beendet wäre.

Die Antwort lautet:
Es gibt keine Antwort.

Es ist genau die Antwort, die jeden Menschen zu seinem eigenen Lehrmeister macht.

WAS
ODER
WAS MIC
HABEN LÄS

ENGAGEMENT
ENGAGIERE ICH
CH FÜR DAS,
CH WILL
IR DAS,
RECHT
T?

KANN ICH DAMIT SEIN, DASS ICH DEN SINN DES LEBENS SELBST ERSCHAFFE?

KANN ICH MENSCHEN EINFACH SEIN LASSEN, OBWOHL SIE LÜGEN, STEHLEN

KANN ICH SIE DIE KONSEQUENZEN TRAGEN LASSEN, OHNE SIE ZU VERU

ANIPULIEREN, VERGEWALTIGEN, MORDEN ?

EILEN UND ZU BESCHULDIGEN?

PUTZEN
IMMER WIEDER ZÄHNE
PUTZEN. IMMER WIEDE
IMMER UND IMME
WIEDER! HÖRT
MALS AUF
KANN

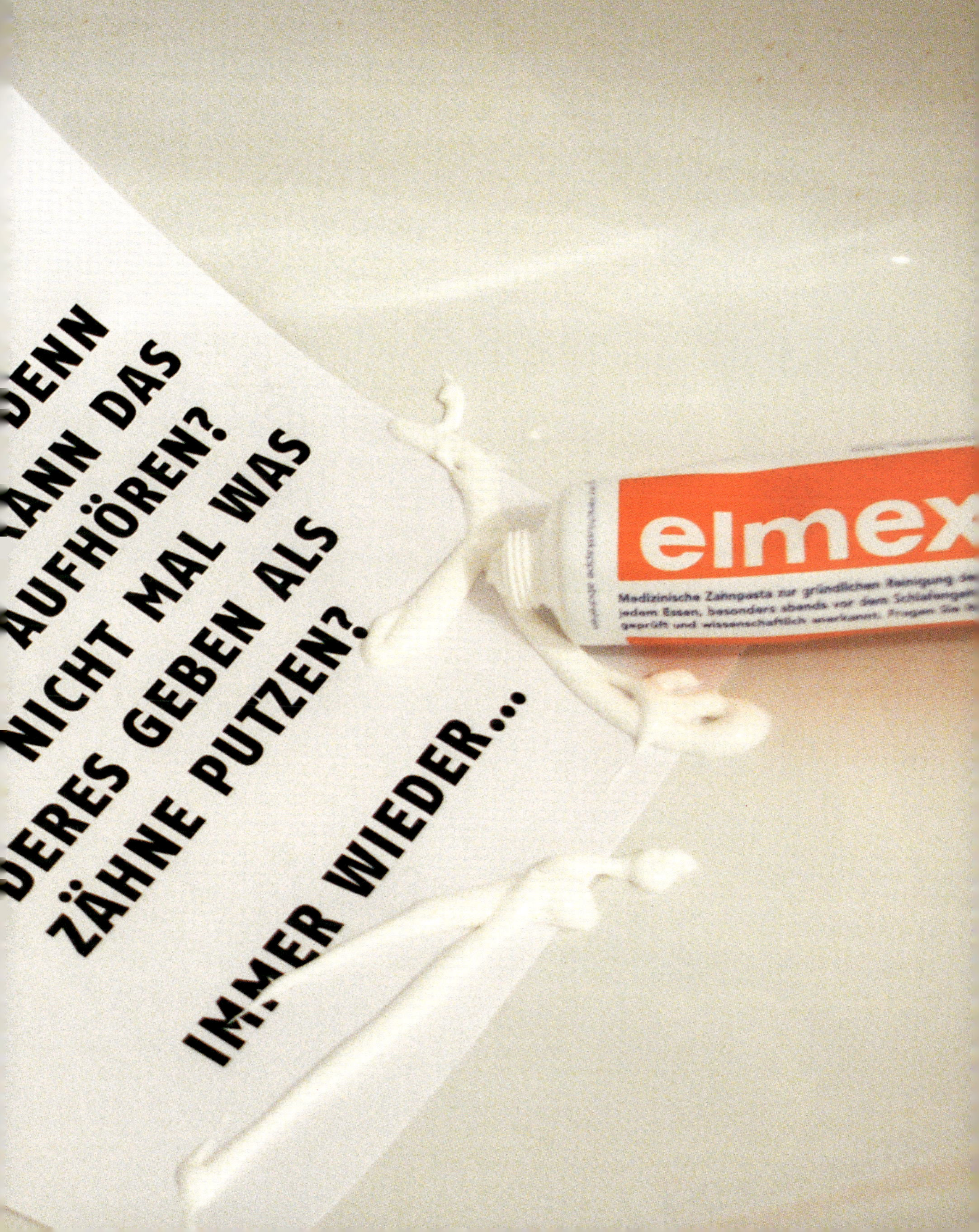
DENN
ANN DAS
AUFHÖREN?
NICHT MAL WAS
DERES GEBEN ALS
ZÄHNE PUTZEN?
IMMER WIEDER...
elmex

UNSER WIDERSTAND VERURSACHT DAS WEITERBESTEHEN DESSEN, WOGEG

WIDERSTAND ZWECKLOS.

WIR IM WIDERSTAND SIND.

10385659739

385659739
DIESES BUCH
IST ZU TEUER!
IST DAS SO?
EURO
EYPΩ
5

... PRODUZIERT HOFFNUNGSLOSIGKEIT!

EST IN PEACE
VERSTEHEN
LEERE IM HERZEN,
ABER ALLES VERSTANDEN!
«NA JA, WENIGSTENS STERBE
ICH NICHT DUMM!»

AUF EINMAL BIN ICH DA

Der Weg der tausend Meilen,
mich ständig zu beeilen,
um an allem rumzufeilen.
Die Sicherheit begehren,
Konzepte rasch verehren,
um Dinge zu vermehren.
Gelähmt vor lauter Hoffen,
vom Leben tief betroffen,
drum lieber oft besoffen.
Druck, mich zu entfalten,
nichts zurückzuhalten,
immer gleich zu schalten,
alles sauber zu verwalten,
bis zum Ende durchzuhalten.

Stopp! Was ist hier los?
Was ist klein und was ist groß?
Was ist gut und was ist schlecht?
Was ist unrecht, was ist recht?

Stopp! Was ist, darf sein.
Was kommen mag, darf rein.
Mein Herz schreit laut Hurra!
Und auf einmal bin ich da.

Ralf Nemeczek

Wenn die Außerirdischen kommen, essen sie die Ernsten zuerst!

www.nemeczek.de

La vita è bella!

Isabella Sonntag

Sollte Ihr Karma im Urlaub sein, Ihr Aszendent auf Seminar und Ihr Sternbild verwackelt, dann schauen Sie doch einfach mal rein:

www.isness.com

FOTONACHWEIS:

Sabine Gistl
DigitalVision (Seiten 32/33; 54/55; 66/67; 70/71; 74/75; 82/83; 84/85; 94/95; 98/99; 104/105; 108/109; 112/113; 122/123; 142/143; 144/145; 148/149; 156/157; 160/161; 168/169; 172/173; 178/179; 186/187; 194/95)
Brand X Pictures (Seiten 22/23; 78/79; 88/89; 118/119; 126/127; 130/131; 134/135; 138/139; 152/153; 162/163; 166/167; 190/191; 200/201; 204/205; 208/209; 212/213)
Daniel Lindlbauer (Seiten 18/19; 174/175; 180/181; 182/183;

DIESE BÜCHER BEGLEITEN UNS SEIT LANGER ZEIT:

DAS GEWINNER-PRINZIP von Brian Tracy
DAS LOLA-PRINZIP von René Egli
DAS MANN-FRAU-BUCH von Ron Smothermon M.D.
DER INNOVATIONSKREIS von Tom Peters
DER WEG DES ZAUBERERS von Deepak Chopra
DER WOW!-EFFEKT von Tom Peters
DIE FORMEL FÜR REICHTUM von René Egli
DIE IDEALE FÜHRUNGSKRAFT von Peter F. Drucker
DIE KUNST DES LIEBENS von Erich Fromm
DREHBUCH FÜR MEISTERSCHAFT IM LEBEN von Ron Smothermon M.D.
HANDBUCH FÜR DAS DRITTE JAHRTAUSEND von Ron Smothermon M.D.
ILLUSION UND REALITÄT von Francoise und René Egli
INNOVATIONSMANAGEMENT FÜR WIRTSCHAFT UND POLITIK von Peter F. Drucker
LEBENSNETZ von Fritjof Capra
NETECONOMY von Kevin Kelly
NUTS! von Kevin L. Freiberg und Jacquelyn A. Freiberg
SIDDHARTHA von Hermann Hesse
TRANSFORMATION STATT VERÄNDERUNG von Ron Smothermon M.D.

Wir möchten eine besondere Freundin unseres Projektes hervorheben und uns gleichzeitig für ihre jederzeit uneigennützige Unterstützung bedanken: Frau Bärbel Mohr, mittlerweile Bestsellerautorin von «Bestellungen beim Universum», Omega Verlag. Wir wünschen ihr persönlich viel Glück mit ihrem neuesten Werk «Dem Teufel sei Dank», WU WEI Verlag.

- Ein Märchen für Erwachsene -

Es geht auf dem Planeten Erde nicht um Sieg oder Niederlage, sondern um Frieden zwischen den Polen!

Es geht nicht um schwarz oder weiß, sondern um die lebendige Farbenvielfalt dazwischen…

von **Bärbel Mohr**

mit Illustrationen von
Sabine Lindlbauer

Dem Teufel sei Dank!

Eine Mär von Licht und Schatten

Der Bestsellerautorin Bärbel Mohr (ihr Buch «Bestellungen beim Universum» avancierte innerhalb von drei Jahren zum Kultbuch und wurde bisher in sechs weitere Sprachen übersetzt) ist es mit diesem Bilderbuch für Erwachsene (!) auf prickelnd-spannende Weise gelungen, dem Gefühl und dem Verständnis für bedingungslose Liebe einen Weg zu bereiten.

Die Geschichte von der Wandlung des griesgrämigen, verhärmten Bauern geht unter die Haut; sie ist aus dem Leben gegriffen – und das Leben selbst scheint die Worte gewählt zu haben. Das Büchlein offenbart auf wenigen Seiten die Wahrheit über einen gangbaren Weg zum Frieden in der Welt.

Alle Menschen wollen Frieden aus tiefstem Herzen – ob sie es wissen oder nicht. Aber genau dabei geht es trotz allem nicht darum, ob das Licht oder die Dunkelheit gewinnt! Der totale Sieg einer Seite, egal welcher, wäre geradezu vernichtend: sobald einer der beiden Pole unserer Wirklichkeit aufgelöst wäre, würde sich im gleichen Augenblick unsere gesamte materielle Wirklichkeit ins Nichts auflösen! Der wirkliche Weg zum Frieden schließt daher ein, selbst den Teufel zu umarmen und am Ende Gott für diese gnadenvolle, weise Erkenntnis zu danken.

Für den Einzelnen bedeutet es, diese Erkenntnis in Weisheit und Liebe zuallererst bei sich selbst umzusetzen!

WUWEI VERLAG

Preis: 18,50 Euro

ISBN-Nr. 3-930953-05-6

BESTELL- & GESCHENKSERVICE

Im gutsortierten Buchhandel oder direkt beim Verlag:

Per Post: WU WEI Verlag · Postfach 15 17 · D-82144 Planegg

Per Fax: +49(0)81 92-93 42 57

Per E-Mail: info@abenteuer-business.de

WWW.ABENTEUER-TRILOGIE.DE

Diesen Service bietet Ihnen der WU WEI Verlag.

Und so geht's:

1. Nennen Sie uns die Lieferadresse
2. Nennen Sie uns die Rechnungsadresse
3. Nennen Sie uns die Namen der Kapitel, die wir am Anfang des Buches auf der persönlichen Seite eintragen sollen.

So wird ABENTEUER LEBEN zum höchstpersönlichen Geschenk für Partner, Freunde, Verwandte, Kollegen, Mitarbeiter, Chefs ...

WEITERE PRODUKTE AUS DEM

WUWEI VERLAG

«DAS BUCH DER LEBENSFREUDE»

14,80 € · Herausgeber:
Monika Thiel, Isabella Sonntag,
Jörg Poedtke
ISBN 3-930953-09-9

Lebensfreude ist die natürlichste Kraft, die in uns von Geburt an schlummert – und sie ist so individuell und einzigartig wie die Menschen und das Leben. 34 Autoren laden in diesem Buch auf eine ganz persönliche Entdeckungsreise zur Lebensfreude ein: auf eine heitere, poetische, motivierende, manchmal nachdenkliche und teils auch ungewöhnliche «Abenteuertour».

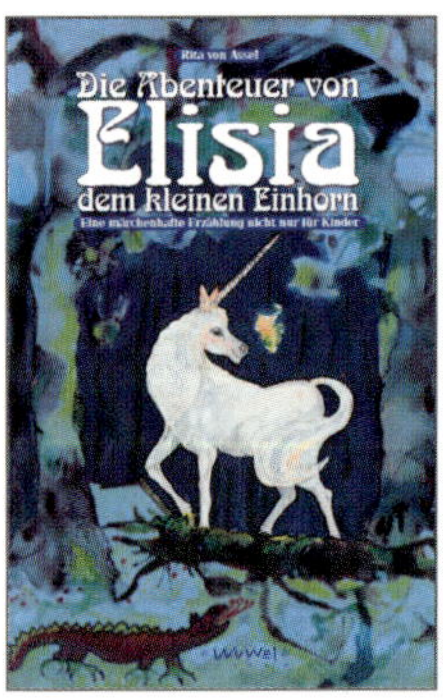

»DIE ABENTEUER VON ELISIA, DEM KLEINEN EINHORN«

14,80 € · Autorin: Rita von Assel
ISBN 3-930953-08-0

Elisia, ein kleines rosafarbenes Einhorn, hat seine Eltern verloren und fühlt sich nach einiger Zeit schrecklich einsam. So macht sich die Kleine auf, um die Eltern oder wenigstens andere Einhörner zu finden. Die Zeiten sind für Einhörner gefährlich: Die Menschen haben sich von der Natur,den Naturgeistern und auch untereinander entfremdet. Doch Liebe, Zuneigung und Freundschaft als positive Energien sind die Lebensgrundlage der Einhörner. Und davon gibt es immer weniger, also gibt es auch immer weniger Einhörner. Elisia hat Glück und findet eine Menschenfrau, die sie nicht nur sehen kann, sondern ihr auch die lebensnotwendige Zuneigung und Obdach in ihrem Garten gewährt. Nach und nach schließt das kleine Einhorn mit den Tieren und den Naturgeistern der Umgebung Freundschaft, lernt deren Sorgen und Probleme kennen und versucht zu helfen. Und eines Tages passiert das Unglaubliche: Bei einer Reise mit ihrer Menschenfreundin begegnet Elisia einem Artgenossen...

«ISNESS» 7,- €

Herausgeberin:
Isabella Sonntag

Es gibt kein anderes Magazin, das ähnlich aufgemacht und mit ähnlichen Inhalten versehen wäre wie ISNESS. Die Geschichten darin werden geschrieben, weil die Macher von ISNESS sie für wertvoll erachten. Sie richten sich weder danach, was gerade en vogue, trendy oder gut verkäuflich ist.

ISNESS ist «die Art zu sein». Sie stellen Menschen darin vor, die unbeschreiblich erfolgreich sind, weil sie ihre Träume verwirklicht haben und weil sie ihren Talenten folgen.

«ABENTEUER BUSINESS»

42,– €

Autoren: Ralf Nemeczek, Isabella Sonntag

ISBN 3-930953-04-8

Für die beiden Autoren dieses außergewöhnlichen und kunstvollen Buches Isabella Sonntag und Ralf Nemeczek ist unternehmerisches Engagement in der Vorstellung begründet, dass Menschen ihr Vergnügen entdekken und dann lernen, ihren Impulsen zu folgen. So kann das Business zum Abenteuer werden.

Jenseits von Manipulation und Verbalkarate plädieren die Autoren dafür, auf die innere Stimme zu hören und die eigenen Talente zu entdecken.

«ABENTEUER BEZIEHUNG»

42,– € · Autoren: Isabella Sonntag, Ralf Nemeczek

ISBN 3-930953-06-4

Wir brauchen keine anderen Menschen, die uns unser Herz zerschießen. Wir machen das mit uns selbst – tagtäglich. Weil wir keine Verbindung mehr zu uns selbst und damit auch nicht mehr zu anderen Menschen haben, ist Freude nur kurzfristig unser Gast. Unsere Lebensqualität wird durch die Qualität unserer Beziehungen bestimmt. Sind sie schwer, schwierig, anstrengend, kompliziert oder leicht, einfach, freudvoll und erfüllend?

WUWEI
VERLAG

«ABENTEUER MOMENTE»

9,90 € · Autor: Ralf Nemeczek

ISBN 3-930953-10-2

ist die ultimative Herausforderung für all diejenigen, die fest dazu entschlossen sind, ihr Leben in vollen Zügen zu genießen und es aktiv in ein aufregendes Abenteuer zu verwandeln.

Dieses Buch besteht aus verschiedenen Inhalten der ABENTEUER TRILOGIE und deren praktischer Umsetzung. Die Anregungen in diesem Buch sind so spektakulär unspektakulär, dass man fast schmunzeln möchte. Doch eines ist sicher: Setzt man diese Anregungen einmal um, dann befindet man sich im Abenteuer pur.

Im ABENTEUER voller MOMENTE des Mitgefühls, der Lebenskraft und der Schönheit des Lebens!

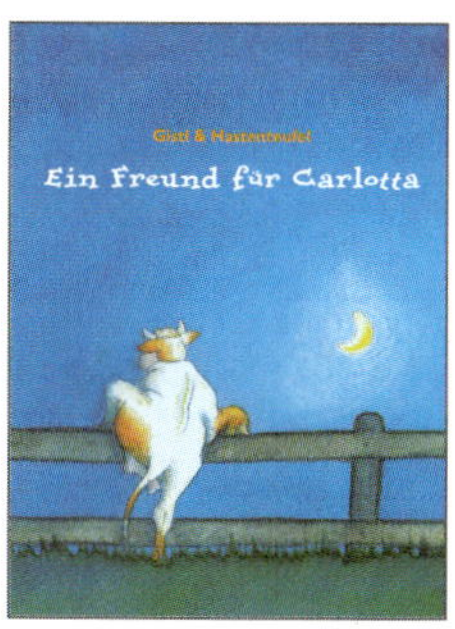

«EIN FREUND FÜR CARLOTTA»

13,– € · Autoren: Karin Hastenteufel, Sabine Gistl

ISBN 3-9805283-0-8

Die stets gelangweilte Kuh Carlotta verliebt sich beim Fernsehen (ein Geschenk des Bauern) in Carlos, einen spanischen Stier. Es ist Liebe auf den ersten Blick und so macht sie sich mit Hilfe der roten Hippie-Kröte Kurt auf den langen Weg. Eine ereignisreiche Geschichte nimmt ihren Lauf, von hilfreichen Freunden und fiesen Hindernissen, gewürzt mit lustigen und rührenden Zutaten, die Kinder spannend finden und Erwachsene nachdenklich machen.

WEITERE PRODUKTE AUS DEM

WU WEI VERLAG

«GLÜCKSTAGEBUCH»

13,– € · Autorin: Monika Thiel

ISBN 3-9806516-0-6

Glück entsteht aus der Fähigkeit, sich freuen zu können. Nicht nur über den großen Haupttreffer, sondern vor allem über die kleinen Glücks-Momente des Lebens: wenn uns etwas gut gelungen ist, über ein Lächeln, den Sonnenaufgang oder ein gutes Gespräch.

Das Glücks-Tagebuch begleitet auf jeder Doppelseite schöne Momente mit Lebensweisheiten rund um das Thema Glück.

«DIE MENSCHLICHE SCHULE»

26,– € · Autor: Ulrich Mohr

ISBN 3-930953-00-5

Philosophisches Grundlagenwerk, das den gemeinsamen Ursprung aller Wissenschaften bis hin zu Religion auf einem Schritt für Schritt nachvollziehbaren logischen Weg aufdeckt. Der Lebenssinn erschließt sich aus dem Erleben des Augenblicks. Der konsequent logische Weg des Buches führt über eine Auflösung vieler alltäglicher Grübeleien und Sorgen zu größerer Ruhe und Gelassenheit, der Quelle für Inspiration, Kreativität und Vitalität. Das Erkennen universeller Vernetzungen führt den Leser zu einer nicht gekannten Entscheidungskraft.

300 S., zweifarbig gebunden mit Goldprägung

«DAS NOTIZBUCH FÜRS WESENTLICHE»

18,– € · Autor: Wolf Schneider · Herausgeberin: Isabella Sonntag · ISBN 3-930953-03-X

Suchen Sie einen schönen und inspirierenden Begleiter durch das Jahr?

Dieses mit großem Einfühlungsvermögen auch optisch sehr schön gestaltete Büchlein begleitet nicht nur, es überrascht auch mit ungewöhnlichen Aufgabenstellungen, die schon so manchen auf sanfte Art wachgerüttelt haben. Motto: Behalte den Überblick, gewinne den Einblick und genieße den Augenblick! In dem Buch drückt sich die Liebe zum Schönen und Einfachen aus, die Lust am Erfinden und Erschaffen und an der Kommunikation. Es führt auf einen Weg, der sich Schritt für Schritt öffnet und Sie auf die Spur zum Wesentlichen führt.